与最聪明的人共同进化

HERE COMES EVERYBODY

CHEERS

ビジネス心理学大全

关键绩效
背后的心理学

榎本博明 著

贾耀平 译

浙江教育出版社·杭州

那些不为人知的职场心理，你了解多少？

扫码激活这本书
获取你的专属福利

扫码获取全部测试题及答案
一起利用心理学
破解职场难题

- 只要按自己的喜好选择行业，就能对工作永远保持热情吗？

  A. 是

  B. 否

- 如果一个公司仅以工作成果作为考核的基准，那么它的员工都能得到公正的评价。这是对的吗？

  A. 对

  B. 错

- 如果你的领导脾气暴躁，总因为下属正常的建议而发火，那么他很可能有以下哪种心理？

  A. 厌倦工作

  B. 嫌弃下属

  C. 怕被看轻

  D. 自命不凡

扫描左侧二维码查看本书更多测试题

可能大多数读者对商业心理学没有什么概念。虽然现在有很多人学习经济学、管理学，阅读与营销、经管相关的书籍，但学习商业心理学的还是少数。

正因为小众，掌握商业心理学的好处才显得格外突出。毕竟企业运行的方方面面都与商业心理学密切相关。

第一，如何才能激励士气欠佳的员工，提高他们的工作积极性？如何才能让情绪低落、毫无干劲的员工重新振作？这些都是商业心理学关注的问题。

第二，无论哪个企业，员工对人事考核多多少少都有不满。这些不满从何而来，又该如何消除？这类问题也在商业心理学的研究范围内。

第三，对职场人来说，最大的压力源就是复杂烦琐的职场人际关系。了解这种关系背后的深层心理机制，可以极大缓解它所带来的压力。

第四，企业管理者常常会为组织的运营发愁。在这方面，商业心理学能提供多种思路和灵感，帮助解决如何有效掌握领导力、减少组织决策的风险等难题。

第五，提高销售额是企业管理者最关切的现实课题。企业为此在市场营销方面下功夫是必然的，而其中的很多东西也和商业心理学有着千丝万缕的联系。

简而言之，商业活动就是不同的人带着不同的心理活动和不同的对象打交道。因此，剖析商业活动中心理规律的商业心理学关乎企业的方方面面。

本书梳理了在商业活动中运用的各种心理学知识，并以实际案例佐以说明。书中用问答的形式详细解释了如何在特定情境活用相应的心理学理论。

当今市面上很多标榜为商业心理学类的图书其实并不科学。与此相对，本书的所有观点都是基于科学实证提出来的，因此可以帮助读者熟练掌握并灵活应用正确的商业心理学知识。全书共有 5 章。读者可以通过目录，选择阅读自己想要了解的问题，从中收获有助于工作的启发。

借此机会，笔者想向日经 BP 社旗下日本经济新闻出版总部的细谷和彦先生表达由衷的谢意，感谢他在本书策划和编辑过程中付出的心血。希望读者朋友能通过本书，为自己配备商业心理学这一"武器"，顺利地解决工作上的各个难题。

榎本博明

第 1 章

如何提高工作热情

如何正确地激励与考核

如何掌控复杂的人际关系

第 **4** 章

如何带领团队一往无前

第 5 章

如何提高销售业绩

第 1 章

如何提高
工作热情

如何充分地利用失败

● 上行比较与下行比较

> Q 我手下有员工在工作上马马虎虎，工作效率不尽如人意。我也感觉不到他有什么改善的劲头，只觉得他安于现状、不思进取。相反，工作得力的下属却不满于现状，积极进取。这两类人的态度不是应该反过来才对吗？如何才能让工作上不思进取的下属拿出干劲，积极进取呢？

　　得力能干的人往往不安于现状，不断地钻研自身领域、提高自身能力。相反，心智不成熟、能力欠缺的人却常常满足于现状、粗心怠惰，做不到居安思危。这两类人的不同表现的原因与其动机的差异有关。如果公司不对后者采取任何措施，听之任之，他们就会给公司带来麻烦，毕竟公司支付薪酬是为了换取员工相应的贡献，而不是做慈善。那对于这类人，我们应该怎么办呢？

　　可能有人会说"现在这个时代，公司可养不起闲人"，认为将这种人辞退就行。但实际上，一个人工作时粗心马虎、不求上进的表现与多数人内心潜藏的某种心理特征密切相关，我们不能随随便便就通盘否定、弃之不顾。换言之，只要理解这种心理特征，我们就能找出相应的对策。

分享失败经历可以拉近彼此关系

　　接下来的话题也许有点突兀，但请和我一起思考一下有关失败的经历。

　　分享失败经历可以产生缓和气氛、放松情绪的心理效应。之所以有人感叹自己无论是在客户面前还是在公司内部，每一次与人闲聊到彼此的失败经历时，气氛就热烈融洽起来，就是因为这种心理机制在发挥作用。

那为什么分享失败经历会让人放松心情，有助于营造和谐氛围呢？这是因为听者会同情说者，觉得"这个人真够不顺"，同时逐渐对说者抱有亲近感。对于正讲着自己做过的蠢事的人，听者会觉得"我和他差不多"，甚至认为"我还比他强点"，因此心胸放宽，变得从容。从某种意义上来说，我们在倾听他人失败经历的过程中，会逐渐产生俯视视角，警戒心也随之消失。

▌下行比较带来安心感

下行比较是指与不如自己的人比较。当个体进行下行比较时，他会认为"自己还不错"，由此收获安心感。

有些能力突出、工作得力的人反而比较低调，不爱炫耀自己的工作成果，并且总爱和人聊聊自己以前做过的糗事，以免遭人忌妒。在营销等部门备受客户青睐的人尤其如此。也许他们从以往经验中发现了分享失败经历有缓和氛围的心理作用，于是巧妙地利用这一点，展示自己平易近人的一面，拉近与他人的关系。

当一群同事午休期间聚在一起，边吃饭边闲聊时，如果大家都在吐槽客户如何蛮不讲理，自己如何束手无策，唯独一人突然来一句"我的客户很不错，处处为别人着想"，那么他肯定会遭到其他同事带有攻击性的揶揄——"你这是故意炫耀吧？想说客户特别信任你呗！"他可能因此受不了而紧张失态。

当然，这位格格不入的同事可能会辩称自己根本不是炫耀，就是实话实说而已。但不得不说，这种说话方式并不妥当。虽然不是所有人都会说风凉话，但是木秀于林，风必摧之，低调才是最安全的。因为在缺乏自信心、自卑感强烈的人看来，即使别人只是说实话，也是一种显摆。所以，我们只避开好事不说还不够，还要拿出糗事来"安抚"人。

分享失败经历可以产生类似下行比较的效果，保护对方的自尊心。它其实是一种证明说者不足以构成威胁的行为，可以让没有自信心且嫉妒心强的人放下戒备。这就是下行比较的效果和影响。

● 动机越强的人越倾向于上行比较

从上面的分析可以发现，很多人通过与对自己不构成威胁的人比较——下行比较，让自己获得安心感。但是，其中也有程度高低之分。心理学研究表明：动机越弱的人越倾向于下行比较，动机越强的人越倾向于上行比较。

运动员在夺冠后的采访中常常会说"自己实力还不够"，这表明他们在和更强的对手或者是和自己的历史最佳成绩做比较，也就是在上行比较。所谓"人外有人，天外有天"，上行比较可以鼓舞气势、振奋人心。

有人向上比，有人向下比

上行比较

与比自己实力强、成绩高的人比较

下行比较

与比自己实力弱、成绩低的人比较

▼

安心，放心，满足于现状

企业中同样如此。动机强的人在工作中做出成绩后，往往会上行比较，依然觉得自己的成绩不够优异，还必须加把劲取得更好的成绩。相反，动机弱的人常常和比自己成绩差、取得成果小的人比较，总觉得比下尚有余而满足于现状。动机强的人在比较后会决心更加努力奋斗，而动机弱的人则会满意地想，"我现在已经做得很好了"，精神于是松懈下来。

这种心理倾向可能是个体从幼年时期的痛苦经历中习得的，如曾受到上行比较的伤害，或者是曾因上行比较而感到无能为力等，因此选择下行比较，以免感情受挫。

　　在指导动机弱的人时，最重要的是提升他的工作技能，做好他的情感后盾，耐心地引导他逐步设置并实现不同层次的目标。

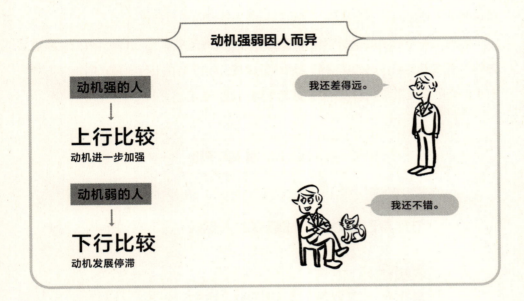

如何善用能人

● 追求成功的动机与避免失败的动机

> Q　我手下有员工品德优良、踏实认真，同时在工作上得力干练，但是一被委派重要工作就变得犹豫不决、踌躇不前。如何才能让这样的员工更主动、更积极地对待重要工作呢？

　　"要是员工表现得更积极主动一点就好了，现在他们过于消极被动。"这是很多公司管理层的心病。企业管理者自身在工作上越热情高涨、斗志昂扬，他们的这种心病就越严重。

　　面对新任务或重要工作时，一个尚未熟悉工作、抓不住工作要点的新人犹豫迷茫倒也无可厚非，但工作娴熟、能力突出的员工却以"手头的工作还不太熟练，能不能让我留在现在的岗位"或是"能不能交给其他人"等借口委婉回绝，试图躲避任务，这就令人困惑。

　　在某些企业管理者看来，换作自己的话，这种天降的良机简直让人兴奋得一跃而起。他们想不通为什么这些员工会拒绝。因为不懂这种反应的心理机制而前来向我咨询的人，不在少数。

是更渴望成功，还是更害怕失败

　　其实，抱有以上疑问的人一般都是动机非常强烈的人。面对机遇，有的人会毫不犹豫地迎难而上，有的人则会因缺乏自信而畏缩不前。那么，两者表现不同的原因是什么呢？

在此，我们需要从两个角度对引发行为的动机进行分析。当一个人在犹豫自己是否要发起挑战时，心中就会出现两股相互对立、相互斗争的动机——追求成功的动机和避免失败的动机。

根据心理学家约翰·阿特金森（John Atkinson）提出的理论，个体的动机分为追求成功的动机和避免失败的动机，而两者相互角力的结果决定了个体在完成一项任务时的状态。

简单来说，人们在行动之前，脑海中会出现两种念头：一种是"如果完成得顺利，那可真是件美事"；另一种是"如果失败了，真不知道如何是好"。前者是在追求成功的动机驱使下的心理活动，后者则是在避免失败的动机驱使下的心理活动。

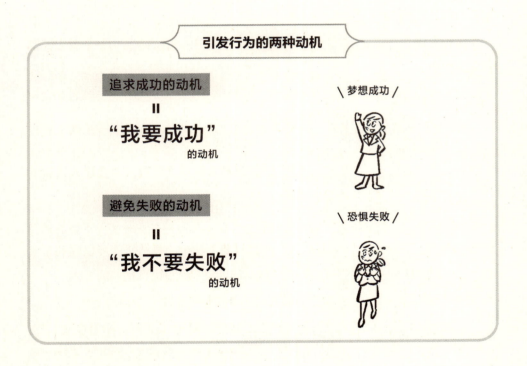

对于一项任务，谁都既想成功完成挑战，将成果收入囊中，又想尽可能地避免失败。但这两种动机孰强孰弱，因人而异。两者动机强弱决定一个人是会积极主动、迎难而上，还是会犹豫不决、踌躇不前。

因此可知，在新工作或重要任务上总是踌躇犹豫的人是追求成功的动机弱、避免失败的动机强。而对这些人上火的人与之恰恰相反，是避免失败的动机弱、追求成功的动机强。

根据不同动机指派不同任务

心理学实验表明：追求成功的动机强的人与避免失败的动机强的人，两者动机的心理机制呈相反态势。不同动机的人偏好不同条件的任务。

1. 追求成功的动机强的人对胜负概率均等的任务充满斗志

对追求成功的动机强的人来说，成功率为50%的任务比成功率为0或100%的任务更能激起他们的斗志。

换句话说，一些看上去不能保证结果，但只要开动脑筋、努力钻研就可能顺利完成的任务会刺激不惧失败的人，提高他们的积极性。对这些人而言，轻而易举就能完成的任务没有什么挑战的乐趣，而绝对不可能完成的任务自然也完全不能吸引他们，两者都不会产生激励效果。

用体育竞技来打比方可能更好理解。跟绝对能打赢的对手或绝对打不赢的对手比赛，怎么比也是无趣无味；跟实力旗鼓相当的对手比赛，才会让人兴奋不已、斗志昂扬。工作也是同样的道理。

在给主要受这种动机驱使的员工布置工作时，最有效的做法是选择成功率为50%的任务，也就是一些难度适宜，而且只要下功夫、肯钻研就可以顺利完成的工作。因为这种工作能提升他们追求成功的动机，充分发挥他们的实力。

2. 避免失败的动机强的人觉得只要能完成任务就有积极性

避免失败的动机强的人面对成功率接近100%或0的任务时，积极性会上升。

因为易于完成的任务或是谁都可以完成的任务不会引起这类群体对失败的焦虑，而那些绝对无法完成的任务谁也做不好，即便没完成也没关系，由此也缓解了这类群体对失败的恐惧。反过来说，当面对一些虽然拼命努力就有可能完成，但是不能保证绝对可以完成的工作时，这些人对失败的焦虑就会加重，从而滋生出逃避的念头，积极性也不会提高。

当你手下有员工属于避免失败的动机强的类型时，安排一些按他的实力肯定能完成的任务，会让他更有用武之地。同时，为了缓解他害怕失败的焦虑感，要让他知道你会在业务知识或技能方面提点他，甚至会在他遇到问题时伸出援手，从而让他安心地放手去表现。

不同的动机类型，不同的工作安排

追求成功的动机强的人

追求工作价值 （只要努力就能完成的工作会让他有更高的热情）

→ 安排较难的工作

避免失败的动机强的人

追求稳定安心 （与其实力匹配，肯定能完成的工作会让他有更高的热情）

→ 委派符合其实力的工作，并做好协助，让其放心工作

如何找到标准化与创新性的平衡

● 自主需要

> Q　为了减少员工的工作失误，我编制了明确办事流程的工作手册，事无巨细地安排任务，耐心仔细地指导员工。我原本以为这么做会让大家感受到公司的关心、工作的顺意，却发现他们的积极性并没有提高。我到底哪里做得不够呢？

很多公司为提高工作效率、防止工作失误，都在将工作的操作流程、办事步骤标准化、规范化。这些标准和规范能让新员工尽快适应岗位、完成工作，为公司贡献力量，因此可以说是公司运营上不可或缺的工具。此外，不管员工是机智敏锐还是呆板木讷，是为人周到还是不善处事，是一丝不苟还是粗枝大叶，一般来说，按照工作手册执行就能将个体差异造成的工作失误减少到最小。特别是服务行业，为避免客户投诉，接待工作手册的内容越来越详细。

工作步骤明确，工作指示详尽，领导连具体的操作方式也进行耐心细致的指导。按理说，这应该会使员工不再害怕出问题，能头脑清醒地安心工作。但事实上，标准化、规范化只是消除了员工的不安，保证了最低限度的工作动机。要提高员工的工作热情，还需要满足更多的前提条件。这就涉及我们接下来要谈到的自主需要。

▌追逐高效会剥夺工作的快乐

将工作步骤、工作方法进行详细全面的标准化、规范化，为员工顺利完成工作上一道保险，确实可以消除员工的不安，让员工安心地工作。但是，仅仅消除不安并不能提高员工的动机。我们可以回想一下员工常提的一些意见：

"我领导的口头禅就是，'少说废话，我怎么说的你就怎么做！'稍微提点问题他就这么熊我。真是扼杀我工作的积极性！"

"我在工作上研究出了自己的一套小方法，本来做得不错，可是领导发现后却说，'不要自己搞事，按要求做！'我自己的那套方法还挺好用的，但他居然是这种态度。我又不是机器人，连动脑子想方法都要经过允许吗？想想就让我沮丧。"

从管理层的角度来看，员工按指示工作是高效的、省心的。标准化的工作流程可以最大限度地压缩个人发挥或判断的空间，从而预防员工因不熟悉工作或考虑不周全而带来的工作风险。

但与此同时，这也产生了动机管理的陷阱——过度重视高效化和风险预防可能会挫伤员工的工作积极性，造成管理失误。

工作标准化的利弊

利
- 高效
- 预防风险
- 预防人为性不一致

弊
- 剥夺创新空间
  ▼
- 无法发挥个人优势
  ▼
感受不到工作价值

▌"我想拥有自主权"

心理学家亨利·默瑞（Henry Murray）列出了一份人人都具备的心理需要清单。其中有一项称为自主需要，指的是反抗强制和束缚、摆脱权威、谋求自由行动的需要。

我们可以回想一下孩提时代。很多人小时候放学回家吃完饭后，可能会一边漫不经心地看电视，一边在心里警告自己："得抓紧时间写作业啦！"就在这时，他们听到父母训斥自己："准备看到几点！作业还做不做了！"打起精神去做作业的念头瞬间消失。结果是他们心里虽然知道再不去写作业就迟了，可还是赌气继续看电视。

想要按照自己的意愿行事，这是人人都有的基本需要。同样一件事情，是自己想这么做，还是被别人要求这么做，两者的动机状态是百分百不同的。

因此，虽然让员工按标准、按要求工作对企业管理者来说高效省心，但这种做法很有可能降低员工的工作积极性，导致公司业绩无法提升。

▌为自由创新留出空间

澄清一下，我并不是说标准化、规范化作业不好，而是想提醒各位企业管理者——为提高工作效率，防止风险发生而进行标准化、规范化时，也不要忘记为员工个人的自由创新保留一定空间。

做事严谨的人需要特别注意，因为一旦由他们来制定操作手册，就会从头到尾、从里到外地将操作标准制定得彻彻底底。但是如此一来，员工的工作积极性就会随之跌落谷底。我们可以仔细想想，既然我们能在标准化、规范化上下如此大的功夫，那为什么没有注意到创新带来的快乐与工作积极性的关系是密不可分的呢？我们要认识到，一旦形成只用按标准、按规范来工作就足够的局面，就会剥夺员工在工作中通过创新而获得的快乐。

在这种情况下，对自己能力不够自信或工作积极性不高的人可能受到的影响不大，但是对自己能力有足够自信、对工作积极主动的人来说，自我创新的空间越小，工作动机就越低。这对整个组织来说是一个致命的损失。

此外，领导还需要认真地评价并肯定员工在工作上的创新之处。这样一来，除了自主需要，员工的认可需要也能得到满足，从而进一步提高其工作积极性。

仅照标准规范工作，无趣无味

自主需要 ➡ **想按照自己的意愿行事**
（像机器人一样只听指令行事，并不会提高工作积极性）

因此
给予员工创新的空间

➡ **满足自主需要和认可需要**
（通过创新而获得快乐，能够提高工作积极性）

除了钱，还有什么方法能留住员工

● 成长需要

> **Q** 最近几年，不断有干劲满满的年轻人带着对公司的不满提出了辞职。我很想阻止年轻人才的流失，请问除了给他们开出完全不逊于同规模的其他公司的薪资，还有没有其他好办法呢？

　　年轻的新员工没干多久就要辞职。公司花了不少人力财力培养他们，好不容易到了该他们发挥能力的时候，他们却选择走人。怎样才能让年轻人安心留在公司工作呢？——这是不少公司管理层的普遍烦恼。

　　新人频繁离职已经成为企业的棘手问题。这些年轻人努力找工作，好不容易得到录用，却又轻易辞职。这是为什么呢？

▌追求自我成长的时代

　　现在的年轻人常常说"我要成长"，"我想从事促进自我成长的工作"。

　　以前，人们跳槽转行基本是因为对原公司的薪资等待遇或考勤制度等不满。但近几年，人们辞职的头号原因变了。有辞职念头的年轻人常常抱怨"我完全不想做现在的工作"，"现在的工作跟我想的不一样"。我问他们到底对什么地方感觉不满，他们回答说："现在的工作对我自身的成长帮助不大。""光做这种工作，我是成长不了的。我想找个能促进自我成长的工作。"

　　从这些话中，我们可以感受到现在的年轻人更想从事能促进个人成长的工作。因此，公司无论怎样改善薪资、福利保健和考勤制度，也无法真正改善或消除年轻人频繁离职的问题。毕竟，很多离职的年轻人不满的是公司除上述因素外的方面。

从基本需要过渡到成长需要

在此，我们必须思考的是个体需要的结构变化。

在物资匮乏的时代，金钱报酬是左右人们工作积极性的关键。而在名望至上的时代，地位报酬是左右人们工作积极性的关键。但在人们既不怎么缺乏物质保障，也不怎么追求出人头地的现代社会，可以说金钱报酬或地位报酬已不再是提高他们工作积极性的核心因素了。

个体需要的结构逐渐改变

物资匮乏的时代

→ **金钱报酬** 能左右工作积极性

名望至上的时代

→ **地位报酬** 能左右工作积极性

在这样一个时代，满足成长需要在提高员工的工作积极性上越来越重要。在追求丰厚的经济回报、重视满足基本生活需要的时代，改善薪资制度能提高员工的工作积极性。但如今，这一做法并不完全有效。

我常常听到企业管理者感叹，无论怎么提高待遇都留不住年轻人。这其实是因为公司管理层还没有做好面对年轻人需要变化的准备。在看重成长需要的时代，最重要的是满足个体的成长需要。当然，这是在适当保证经济待遇的基础上来说的。

喜欢压榨年轻劳动力的公司常常会利用年轻人的成长需要，一边夸大工作的成就价值，一边发低薪资糊弄年轻人拼命工作。这种公司通常被称为黑心企业。我自然不是指压榨年轻人的昧良心的方式。但要知道，这种压榨现象越多，就说明追求自我成长的年轻人在变多。

▌满足员工的成长需要

从动机管理的观点来看，员工对满足自我成长需要的呼声应该受到企业的重视。我们应该思考员工在什么时候能够获得自我成长的实感。在此，我列举5个典型例子。

1. 能顺利完成以前做不好的工作的时候

现在犯的错误比以前少了，能够独立完成以前需要领导或老员工指导的工作，这些时候能让人获得自我成长的实感。

2. 能解决的问题和搞明白的事情逐渐增多的时候

这其实是一个人对业务逐渐熟练的证明，也能增加个体自我成长的实感。

3. 能逐渐掌握解决较难问题的技能的时候

每个初入职场的新人看到领导或老员工得心应手地工作，从容地处理问题，都会有点自惭形秽，深感自身不足。当他们在工作上也变得轻车熟路、游刃有余时，就会真切地体会到自我成长的实感。

4. 被领导或老员工表扬的时候

如果一个人刚入职时常常被领导或老员工提点或训斥，但逐渐适应工作后因为能力的提升和取得的成果而受到表扬，那么这时他就会感到非常自豪，同时也会获得自我成长的实感。

5. 被委以重大工作任务的时候

当一个人被委以重任时，在领导眼中，他就已是一个能不负重托、有担当、有能力的人。这种认可会给予员工很大的自信，让他们感受到自我成长的实感。

企业管理者应该始终记住这几点，将员工内心渴望自我成长的呼声纳入考量。

何时会体验到自我成长

1 能顺利完成以前做不好的工作的时候

2 能解决的问题和搞明白的事情逐渐增多的时候

3 能逐渐掌握解决较难问题的技能的时候

4 被领导或老员工表扬的时候

5 被委以重大工作任务的时候

如何全身心地投入工作

● 追求意义的意志

> Q 我在日常的工作中，总是提不起劲来，有一种"当一天和尚撞一天钟"的感觉。回想从前的学生时期，无论是上课还是写作业，我也同样如此。但以后我还是要继续工作的，再这么浑浑噩噩下去，生活也不会有丝毫的充实感，只会每天空虚无趣。我身边也不是没有对工作热情的人，但我要怎么做才能像他们一样，全身心地投入工作呢？

刚入职时，我们每天都会紧张兴奋地投入工作。但等熟悉工作之后，精神状态就逐渐松散了下来，变得每日像学生时代不得不上学一样，只是循规蹈矩地上班。

这时候，如果你觉得生活单调、乏味、空虚，那绝不是什么坏事。这种感觉恰恰说明你的内心正翻涌着对现状的不满。你已经意识到它很糟糕，意识到自己必须做出改变。虽然工作是为了生活，但你宁愿热火朝天地工作，也不愿意拖拖拉拉地在职场混日子。尤其是看见身边工作起来热情满满、全神贯注的人时，你自然也会受到感染，想要和他们一样真正地投入工作中。

那么，积极投入工作的诀窍是什么？那就是认可自己劳动的价值，或者说是在自己的工作中找到意义。

▌当陷入无意义的困局时

对一个人来说，最难受的是感受不到每天生活的意义。在缺乏意义感的日常生活中，人会变得沉闷阴郁、毫无精气神。现实中有不少人就在这样的状态下继续生活与工作，其中有些人会对此产生一种浓浓的空虚感。

在流行目标化管理、节俭经费、追求效率、彻底消除浪费的今天，越来越多的职场人在生活中、在工作上，被各种指标追着拼命赶进度，被督促着不断提高效率。

在疲于奔命的日子中，也许有一天你突然停下脚步，环视周遭的生活，却发现自己已经深深陷入无意义感的困局中。"我为什么重复着这种枯燥乏味的生活？""我难道一辈子都要过这种日子吗？"想到这些，整个人就变得极其空虚迷茫、不知所措。然后，已经熟悉得不能再熟悉的惯性动作变得笨拙生疏起来，按部就班的日常生活变得味同嚼蜡，工作的目的变得遥远且陌生，习以为常的拥挤电车变得不堪忍受。

想挽救因这种心理状态造成的低工作积极性，就要摆脱无意义感。

侵袭现代社会的心灵空虚与精神贫乏

很难感受到日常生活的意义

▼

摆脱无意义感，提高积极性

我们应该如何给工作添加意义

▌如果你能感到空虚，说明你的心理也许是健康的

在每天的工作中无法感受到意义的人会时不时被空虚感侵袭，毕竟没有比感受不到丝毫意义还要没完没了地上班更令人空虚的事了。

有的人说："每天感到空虚无聊的人多半是闲人。我每天忙得团团转，可没什么时间去感受空虚。"他们当中，有些人的工作确实是非常充实的，但也有些人是想用忙碌的工作来逃避空虚感。如果后者有机会停下脚步、审视自我，就会

瞬间被无意义感侵袭、被空虚感吞噬。他们因为害怕被侵袭、被吞噬，所以才让自己忙碌起来，不停地工作——这是心灵深处潜藏的无意义感让人下意识地采取了回避姿态。

这类群体并不会因忙于工作而获得充实感，只是逼迫自己埋头工作来麻痹自我意识罢了。他们让自己忙得晕头转向，好忘记日常生活中突然来袭的空虚感，换句话说就是让工作来稀释空虚感。

但无视真实的自我，继续机械地生活和工作，是无法摆脱无意义感的。借忙碌来欺骗自我，也无法获得有意义的生活。从这个角度来看，为日常生活中的无意义感而苦恼不已、感到空虚贫乏的人，其实心理仍处于健康状态。

● 人一生都在不断地追求意义

提出意义治疗与存在主义分析理论的临床心理学家维克多·弗兰克尔（Viktor Frankl）认为，大多数现代人对意义的追求受挫，因为存在性的需要未被满足而痛苦不已。他由此提出了"追求意义的意志"这一概念，认为每个人都具有追求意义的意志，每个人都是追求意义的个体。

精神分析学创始人西格蒙德·弗洛伊德重视主宰人行为的性欲，主张追求享乐的意志。提出个体心理学的阿尔弗雷德·阿德勒（Alfred Adler）关注个体试图克服自卑感的行为，主张追求权力的意志。主张追求意义的意志的弗兰克尔则认为，人们会尽可能地用意义来填充自己的生活，并在此基础上努力获得有价值的生活。

弗兰克尔认为人本身就是基于追求意义的意志进行活动的，追求享乐的意志和追求权力的意志这两者的背后，其实是追求意义的意志的受挫。也就是说，当人们在日常生活中无法感受到意义时，就会沉溺享乐、贪图权力、追名逐利。只有追求意义的意志得到满足，才不会被性欲或权欲牵制，才能获得踏实宁静的生活。那我们该怎么办呢？下一节，我将会具体解析这一问题。

人们陷入了对意义的追求无法得到满足的困局中。

——维克多·弗兰克尔

人们总在追寻意义

- 没有比在每天的工作中找不到意义更空虚的事了
- 有的人以忙碌为借口不敢直面空虚

▼

使命感才是关键！

如何建立积极向上的工作态度

● 社会使命感

Q　我们公司的员工工作积极性参差不齐。积极性低的员工对工作敷衍了事、得过且过，积极性高的员工对此不满，导致整个职场的工作氛围变得糟糕。有没有什么好办法能提高公司员工整体的工作积极性，让全体员工能朝着同一目标齐心协力、共同前进呢？

可以说，很多公司都存在员工工作积极性参差不齐的情况。如果全员积极性都不高，那公司基本不保。最理想的情况是全员积极性都很高，但这种情况很少见。

每家公司的管理者都希望提升公司员工整体的工作积极性。从现实情况来看，虽然我们很难实现全员士气满满，但提高部分员工当前的工作积极性是可能的。为达到这个目标，我们可以运用社会使命感。

▌工作意义提升工作积极性

一般来说，工作积极性低的员工对待工作总是马马虎虎、敷衍了事。要想改变他们的工作态度，就必须引导他们领悟自己工作的意义。一个人如果能感受到自己工作的意义，工作积极性势必会有所提升。但要注意，不同的工作意义对工作动机的影响是不同的。

其实，每个人对自己的工作多多少少都能感受到一定的意义。很多人会从金钱报酬的角度为自己的工作赋予意义，比如做这个事情能保证多少收入等。还有一些人虽然工作收入一般，但因其稳定，且能保证衣食住行，所以继续从事该工作。但是，上述这些都是从个人利益出发的工作意义，而这类工作意义对提升工作积极性作用有限。只有当一个人不是从加薪、稳定等个人利益出发，而是从社会性视野追求工作意义时，他的工作积极性才能迅速地提高。

我在上一节中谈过，每个人都渴望在日常的工作生活中感受到意义。而社会使命感对于引导员工、赋予其工作意义是相当有效的。

▌重视社会使命感的文化①

在此，我们需要知道的是日本人很讨厌利己行为。

美国人类学家鲁思·本尼迪克特（Ruth Benedict）曾针对日本人的心理和行为进行过深入的调研分析。在研究报告中，她指出，日本人的心理特征包括以下几点：

- 日本人反对以自我为中心追逐利益的行为。
- 满足私利、私欲的行为会受到日本人的谴责。
- 日本人认为自私自利的人是没有诚意的。
- 日本人反对压榨他人的行为。

在欧美国家，人们反对表里不一，一个人只要说明了自己的真实想法，即使谋取私欲的满足，做出压榨他人或其他利己行为，也是不会受到严厉指责的。但是，日本人却并非如此。

和欧美人相比，日本人能鲜明地认识到自己是多么讨厌利己行为、多么排斥自私自利。正因为如此，社会使命感成了提高日本人工作积极性的重要因素。

---

① 该部分多为作者对本民族的溢美之词，并不完全客观。——编者注

▌用社会使命感赋予工作以意义

无疑，金钱报酬、自我成长等个人因素也能赋予个体工作意义、提升其工作积极性。但是，在个体内部所能实现的意义是有限的。要提高公司员工整体的工作积极性，就需要更加振奋人心的叙事，而这正是社会性意义发挥威力的时刻。

松下电器公司创始人松下幸之助在他的一本书中谈到自己是如何认识到社会使命感的。

松下幸之助的自来水哲学轶事

这件事发生在我刚工作没多久的一个炎炎夏日。那天，我正在大阪天王寺附近的郊区散步。那里有公用的自来水管。这时候，我看见有个拉着板车的人走过来休息了一阵，打开水龙头接了一口水漱口，然后很享受似的喝水解渴。

自来水不是免费的，要经过加工处理后才能变成饮用水，因此我们还要花钱买。这个人没花钱却喝了自来水，但是周围没有一个人因此而谴责他。

——松下幸之助
《对事物的看法及思维方式》

从以上文章能看出，松下先生很疑惑：为什么没人苛责这种不花钱拿东西的行为呢？对在烈日炎炎下拉板车的人来说，自来水是何其宝贵的救命水，但喝水不掏钱的人居然没有被指责为小偷。松下先生从这件小事上看出，一个东西无论价值有多高，如果数量巨大，那就和免费没什么两样。由此，松下先生意识到了自己的使命——要大量生产电器产品，让市场上的电器产品像自来水一样价格低廉。松下先生将心中涌出的这种社会使命感称为"自来水哲学"。

用本书的话来说，自来水哲学就是指在赋予工作意义时，要与社会使命感紧密联系，要以为社会做贡献而非利己性的意义为目标。

虽然追求个人利益或个人成长也能提升工作积极性，但是对更重视集体利益的日本人来说，这种方法有局限性。因此，我们要赋予工作以社会意义。我们只有真切地感受到自己的工作对社会有所帮助，能够为社会做出贡献时，才能有效地提高工作积极性。

综上所述，我们要认真考虑自己的工作是如何为他人生活提供帮助的，要把工作和社会使命感联系起来。企业作为通过提供工作来连接个人与社会的中间桥梁，如果能构建好工作与社会使命感的叙事，就能提高企业员工整体的工作积极性。

如何让职场变得活力十足

● 高积极性的工作特征

> Q 我发现，就个人素质来说，我手下员工的人品都不错，但是不知为
> 何，大家的工作积极性并不高，做起事来拖拉马虎，让人发愁。我
> 想建立一个有活力的职场氛围，请问如何才能提高员工的工作积极性呢？

　　几乎所有企业管理者都想打造一个有活力的职场。同样，几乎任何公司的员工都更愿意在一个朝气蓬勃而非沉闷呆滞的氛围中工作。

　　双方的期待是一样的，但为什么实际的职场并不是活力四射的呢？如果能找到其中的原因，问题就迎刃而解了。

▌感受不到自己工作的重要性

　　有次我在和一群入职某公司两三年的年轻人聊天时，请他们敞开心扉地讲一讲领导打击他们工作积极性的事，于是听到了下面这番话："领导让我处理一份文件，我处理完拿过去后，他说，'现在正忙，放那儿吧。'于是我就把文件放在他的办公桌上，回去继续工作。我原本以为他会很快给我反馈，但是什么也没有，第二天、第三天他都没有理我。原来他交代我的事是可做可不做的嘛。一想到这些，我再也没什么干劲了。"

　　这个人话音刚落，另一个人也开口了："我也有过这种经历。我整理了一下自己负责的营业现状和问题去找领导汇报。他说没时间，让我简略地说一下，然后对我的汇报含含糊糊地应付了一下，好像一点兴趣都没有。从那之后，我就打

不起精神了，没有了干劲，以前我还精神百倍地做事呢。"

在场的其他人听了这些发言之后，也分享了自己类似的经历。

领导确实是比较忙碌的。对他们来说，下属的工作相对也不是那么重要或紧急。不过，下属的工作对于下属本人是很重要的，如果受到忽视，就会挫伤其工作积极性。

提高积极性的 5 大工作特征

除工作的重要性以外，还有几个需要我们思考的点。比如，工作过于单调无趣，员工的积极性就不高。不明白工作的价值，员工的积极性也不会高。有的工作虽然按指示做就不会出问题，但如此一来会很难提高员工的积极性。

心理学家理查德·哈克曼（Richard Hackman）[①] 与格雷格·奥尔德汉姆（Greg Oldham）认为，一份工作有必要满足个体对意义、责任、反馈等方面的需要。他们将满足这些需要的工作称为"充实的工作"。

成长需要强烈的人在从事充实的工作时可以获得较高的满足感，并提高工作效率。其中有些人可能对自己没有信心，面对肩上的责任或委派的任务，不仅不敢迎难而上，反而忐忑不安，甚至畏缩不前，但只要得到耐心认真的鼓励和支持，他们的工作积极性也明显会比困在单调的环境中更高。

基于以上的分析，哈克曼和奥尔德汉姆提出了能提高工作积极性的 5 大工作特征：1. 多样性。如果一个人不得不重复单调枯燥的工作，那他很难维持现有的积极性。这时候就需要在工作上增加多样性。2. 完整性。如果一个人不知道自己的工作有什么作用，他的积极性也不会提高。他需要了解整个项目或任务的全貌，明白自己扮演的角色和所处的位置。3. 重要性。如果一个人不知道自己工作的重要

---

① 理查德·哈克曼是哈佛大学社会和组织心理学教授，曾被授予美国行为科学研究所第六届年度创造性人才奖、美国心理学会工业和组织心理学部杰出科学贡献奖、美国管理科学学会杰出学者奖。在《让高管团队更高效》一书中，他公布了自己针对 12 个国家、120 多个高管团队的研究成果，提出高管团队发挥效能的 6 大条件。该书中文简体字版已由湛庐策划，中国财政经济出版社 2022 年出版。——编者注

性，他的积极性同样不会提高，因为个体对其工作重要性的认识与其工作热情密切相关。4. 自主性。如果一个人只是按指示做事，那也是无法提高积极性的。自主下功夫钻研问题、努力工作，也是与工作热情紧密相连的。5. 反馈度。如果一个人能了解到自己工作的结果，就更有可能积极改进工作。

能提高工作积极性的 5 大工作特征

1 多样性
工作不枯燥，需要多种操作和技能，富有变化

2 完整性
不仅负责局部工作，还需要对整个任务或项目有全局观，能明白自己扮演的角色和所处的位置

3 重要性
了解工作的社会性意义，能感受到工作的重要性和价值

4 自主性
并非按指示做事，而是自主制订计划，积极研究工作方法，主动地投入工作

5 反馈度
可以了解自己工作的结果，获得有助于改进工作的有益信息

总而言之，满足 5 大特征的工作能提高员工的工作积极性，还能激励员工鼓起勇气，挑战困难，进而提高工作效率。此外，工作越具备这几个特征，员工的满意度或效率就越高，旷工率就越低。

打造高积极性的职场氛围

我们如果从这几个特征来审视工作，就会明白为什么一些公司缺乏好的职场

氛围。在很多有活力的公司中，大多数员工的工作能满足上述的几个特征。相反，其他公司之所以没有活力，是因为他们大多数员工的工作基本上不能满足这几个特征，职场中弥漫着沉闷呆滞的气氛。

要让所有工作都完全满足这 5 个特征确实比较困难。我们首先要找到目前职场中或积极性不高的员工的工作中最缺乏的特征，进而采取措施改善。不同行业的不同工作满足 5 大特征的难易度不同。最重要的是，我们应该在兼顾这些特征的同时，尽可能地布置一些带有提升工作积极性的要素的工作。

为什么只为了赚钱的工作
会令人越来越倦怠

● 外在动机与内在动机

> Q 我不是一个特别追求工作价值的人，也清楚自己现在上班的目的就
> 是为了赚钱，但我对现在的工作依然怀有某种不满。近段时间，我
> 的工作积极性也变差了。请问我要怎样做才能提高自己的工作热情呢？

　　用劳动力换取金钱报酬是工作的基本形式，为了赚钱而努力工作无可厚非。但也有不少人觉得工作仅仅是为了赚钱的话，似乎缺少了什么。

　　无论什么公司，都不乏对工作充满激情、全身心投入的人。有人表示："我看见他们的工作状态，就感觉自己好像过得挺虚无的。我上班只是为了赚钱，把钱花在兴趣、娱乐和社交上……"从这番话可以看出，说话的人内心的焦灼和不安。

　　在把工作当作赚钱手段的人眼中，能享受工作的人简直不可想象，是极其令人羡慕的。要分析其背后原因，我们需要将动机分为外在动机和内在动机。

▌不图物质回报的行为

　　人会为了某种物质回报采取某些特定行为。比如，如果一个小孩在想买什么东西时，听到他妈妈说"你来帮帮忙，我就给你零花钱"，他肯定会高高兴兴地上前。

　　但是与此同时，小孩会自发地、不图物质回报地去玩耍。过程中，他们不仅得

不到物质回报，有时候还会挨批评。即便如此，他们还是喜欢玩耍。换言之，玩耍对小孩来说是一种他们沉迷其中、享受其过程的行为，而非为了获得某种物质回报而采取的行为。

心理学家亨利·默瑞发现孩子们总是带着好奇心，不断探索周围环境，投入玩耍。即使没有获得什么物质回报，他们也会受到活动本身的吸引而主动地去探索和玩耍。由此，默瑞将人们日常行为背后的动机分为外在动机和内在动机。

玩耍和做有兴趣的事都是出于内在动机而进行的行为。比如：铁道发烧友常常去拍摄铁路照片、乘坐火车，喜欢旅游的人常常去旅行观光，热衷看体育比赛的人常常去体育场观看体育赛事。他们这么做并不是为了获得表扬、奖励等外在的回报，而是因为活动本身对他们而言就已经是最佳的回报。

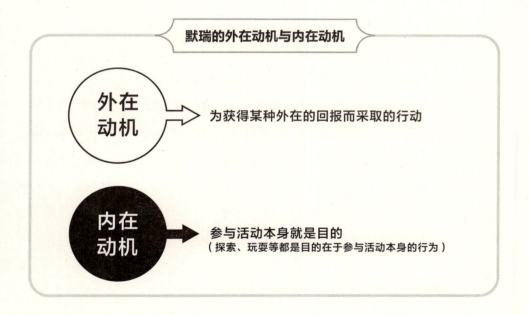

默瑞的外在动机与内在动机

外在
动机 → 为获得某种外在的回报而采取的行动

内在
动机 → 参与活动本身就是目的
（探索、玩耍等都是目的在于参与活动本身的行为）

外部报酬与内部报酬

要正确理解这两种动机的区别，我们需要了解外部报酬和内部报酬的区别。

外部报酬指的是从他人或组织那里获得的金钱报酬或地位报酬。为了外部报酬而采取的行为就是出于外在动机的行为。

当一个人为了薪资而工作时，当他想要为了涨薪或获得不错的绩效评价而去努力完成工作指标时，当他为了升职而拼命工作时，他的这些行为都是为了获得外部报酬的行为，即出于外在动机的行为。

内部报酬指的是熟练感、成就感、充实感、好奇心等从个人内心涌现的报酬。为了这种报酬而采取的行为就是出于内在动机的行为。

如果一个人因为工作逐渐熟练而感到非常开心；如果他虽然工作辛苦，但是完成工作的那一刻会有无以言表的喜悦；如果他喜欢埋头工作的充实感；如果工作中涉及的深奥知识和深刻道理让他欲罢不能，那么他的这些行为就是为了获得内部报酬的行为，即出于内在动机的行为。

▌内在动机的优势

至此，想必你已经明白了那些享受工作的人的心理机制——他们是出于内在动机去对待工作的。

当员工得到外部报酬，比如销售业绩优异、策划方案被采用、获得领导好评、奖金增加、升职等时，他们会感到努力就有回报。但是，我们无法保证每个人只要全力以赴就百分百能获得外部报酬。在市场不景气、公司业绩下滑等时期，不管个人怎么努力，都有可能出现薪资不涨、奖金反降的情况。此外，即便做出了比以前更好的业绩，但只要竞争对手的业绩更好，员工也可能无法获得较高评价。

在这种情况下，士气低落、积极性下降的往往是出于外在动机而工作的人，而出于内在动机去工作的人依然能保持工作热情。从这个意义上来看，让员工认识到内部报酬的重要性是非常关键的。

外部报酬 ➡ 他人或组织提供的报酬

工资、奖金、加薪、升职、赞赏、表彰等

内部报酬 ➡ 个人内心涌现的报酬

熟练感、成长感、成就感、责任感、充实感、使命感、好奇心等

为什么曾经热爱的工作
会变得令人厌烦

● 削弱效应

> **Q** 我学生时期接受的职业生涯教育鼓励我找到"自己的爱好","将爱好和以后的事业联系起来"。于是,喜欢时尚的我进入了和服饰有关的行业。刚开始,我确实很期待、很兴奋,然而,如今我却对服饰工作兴趣索然,甚至怀疑自己是不是真的喜欢时尚界。难道我选错行了吗?

如果你好不容易进入了自己喜爱的行业,却不知在何时失去了从前工作时的兴奋和热情,那确实令人遗憾。但是,这种变化并不能说明你是入错了行。只要稍微转变对工作的认识,说不定你就能重新找回对工作的兴奋感和期待感。

这种变化涉及上一节中提到的外在动机和内在动机。对孩子厌学心理的研究可以为我们解决以上问题提供参考。

▌为什么人会变得讨厌学习

当一个婴儿能走上一两步时,他的脸上会露出欣喜的笑容。无论跌倒几次,他还是会继续站起来走。最终,当他能够正常走路时,他会无比地高兴。当一个刚刚学会认字的幼儿吃力地试图表述车站名或店铺名,最后终于说出来时,他的脸上会浮现出无比惊喜的表情——能读懂文字让他由衷地高兴。

从不会到学会、从不懂到懂得,会给人带来发自肺腑的愉悦。因此,人们渴望学会更多、懂得更多。每个人在一开始都是热衷学习新知识的,无一例外。但不知何时，我们开始厌恶学习。这种改变其实和外在动机有关。

为了获得表扬而努力取得好成绩、为了让父母给自己买新玩具而认真学习、为了考试过关而勤奋用功等，这些学习行为都是出于外在动机。其中，学习变成了谋求利益的手段，因此丧失了学习本身的乐趣。众多心理学实验也证明了这一点。

过度重视外部报酬致使内在动机下降

心理学家爱德华·德西（Edward Deci）曾经花三天时间，在热衷于解谜的大学生中利用一些有趣的解谜游戏做了一个实验。

德西准备了很多新奇的解谜游戏，并将大学生分为 A、B 两组进行实验。

A 组受试者在第一天和第三天都随性地投入解谜游戏。只有在第二天时，实验人员会告诉他们每解开一个谜题就能获得相应的金钱报酬。与此同时，B 组受试者在这三天都是自由进行解谜游戏，不受干预，没有报酬。

三天后爱德华发现，A 组受试者在第三天时对解谜游戏的兴趣有所下降，而 B 组受试者并没有出现这种情况。原因是：当 A 组受试者意识到可以通过解开谜题获得外部报酬后，原本有趣的解谜游戏变成了只为获得金钱报酬的工具。

A 组受试者解开谜题就能获得金钱报酬，B 组受试者即使解开谜题也得不到分文，在旁人看来，这对 B 组受试者不公平。但实际上真正值得同情的是获得金钱报酬的 A 组受试者——因为他们因金钱丧失了解谜的乐趣。

削弱效应

无论是学习还是兴趣，因外部报酬而努力的话，都会变成单纯的牟利工具，行为者的内在动机会因此下降，从而无法体会到活动本身的乐趣。

因为外部报酬的出现，好奇心、熟练感等内部报酬不再正常起作用，原先自发的行为也随之变得消极被动。外部报酬一旦消失，行为者便再也无法找回原来的热情。原本喜欢的事情变成了变现的手段，曾经的兴趣也变得没那么吸引人了。

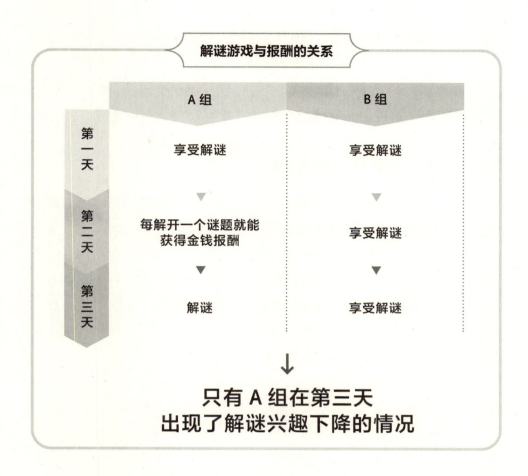

解谜游戏与报酬的关系

	A 组	B 组
第一天	享受解谜	享受解谜
第二天	每解开一个谜题就能获得金钱报酬	享受解谜
第三天	解谜	享受解谜

↓

**只有 A 组在第三天
出现了解谜兴趣下降的情况**

这种为了获得外部报酬而造成内在动机下降的情况称为削弱效应。如果一个觉得自己的工作有意义、值得投入其中的人变得过于重视薪资奖金等金钱报酬或提拔升职等地位报酬，那么，工作就变成了他谋取金钱报酬或地位报酬的手段，他工作的动机也从内在动机变成了外在动机。

刺激好奇心，关注熟练度

没有人会因为涨薪不高兴。但是过于强调外部报酬，工作就会变得令人兴趣索然。当你发现自己也有这种倾向时，最好专注于提升工作的熟练度，或是深入地阅读与工作相关领域的书籍、杂志，以激发自己的好奇心，而不仅仅是应付差事而已。

如果你喜欢时尚却对与时尚相关的工作提不起兴趣，那不妨涉猎一些其他方面的时尚知识，提升自己的时尚品位，充分享受时尚带给你的乐趣。这些举措虽然和工作没有直接挂钩，但这样做能进一步激发你对时尚的好奇心。

如何对待永远找借口的员工

● 内控型与外控型

> **Q** 公司里有一些员工的工作积极性非常低，让我非常头疼。这些人总能找到各种各样的借口，不是"工作出问题，不是我的错"，就是"没完成指标，不是我不够努力"。工作积极性高的员工反而不会随便找借口。所以，是不是可以通过一个人找不找借口来界定他对工作的态度呢？

先说结论，归因和工作积极性密切相关。但我们并不能简单地认为"找借口"的人工作积极性就低，反之就高。关键在于员工的"借口"是什么。

一位公司老板和我聊他手下一名工作积极性较低的员工时说："这个人，无论什么事都能找借口。前几天也是，他没有接待好客户，还把客户惹怒了。虽然我指出他在客户接待方面存在很多问题，但他还是一个劲地辩解是客户的错。我本来希望他认识到错误后改正就可以了，可是他完全没有反省的态度，真是让人头疼。"

另外一位老板也曾向我倒苦水："我的大部分员工在销售成绩差时，会认真思考自己的销售方法是不是有什么问题，进而努力改进。但有个员工不是说自己负责的区域市场不好，就是说自己接连走霉运，总之就是找各种各样的借口，完全不反省自己。这种人怎么会成长呢，他只会拖公司的后腿！"

这两位企业管理者抱怨的员工在工作失误或未完成指标时，总是归咎于自己以外的原因。在这两个案例中，出问题的是员工的归因倾向。

⬤ 原因是不是在自身

无论在工作、学习还是体育竞技中，寻找成功或失败原因的行为都叫作原因归属，即归因。

针对"控制行为结果的主要因素是在个体的内部还是个体的外部"这一问题，美国心理学家朱利安·罗特（Julian Rotter）提出了控制点理论。控制点理论所讨论的问题，简单地说就是个体把成功或失败的原因归结于自身还是自身以外的因素。

按照这一理论，我们可以推测出，在惹恼客户时，认为自己不善接待客户的人是把问题归咎于自身，而认为自己没有错，就是客户挑刺、找碴的人是把问题归咎于自身以外的因素。在销售成绩不佳时，如果认为自己销售工作做得不到位，还要更加努力学习销售知识以赢得客户信赖，那就是把问题归咎于自身，而如果认为"我去了好几次客户公司，已经不知道还能做什么""我负责的区域里都是些资金捉襟见肘的穷单位，再怎么推销也没用"，那就是把问题归咎于自身以外的因素。

从上我们可以看出，个体的归因倾向分为归结于自身能力、做事方法等内部因素的内控型和归结于他人、环境、机遇等自身以外因素的外控型两种。

对个体而言，归因倾向会保持高度的连贯性和一致性。面对突发情况，会从自身能力、做事态度和努力程度等方面找原因的人是内控型。在与客户发生问题时倾向于责备对方而不承认自己的错误，在没有完成目标时倾向于责备环境或运气的人是外控型。一般来说，相较于外控型的人，内控型的人工作热情较高，在学习和体育竞技上成绩也不错。

⬤ 从"借口"了解动机

内控型的人一贯主张决定成败的是自身的能力或做事的方法。换句话说，他们觉得只要自己充分发挥能力就能取得好结果，只要拼命努力就能获得好成绩。如果没有成功，就是能力没充分发挥，只要改变方法，多下功夫就行。

失败时
责怪他人或环境

→ 积极性低

对方的说明不充分。

市场不景气，销售很难做。

失败时
责怪自己，谋求挽救的机会

→ 积极性高

功夫没下够。
请再给我一次机会。

是我理解不到位，
让我去道歉。

因此，内控型的人往往能保持较高的积极性。而且，他们为提高成功率还会主动学习和掌握相关的知识，为开拓视野而广泛地收集信息，为锻炼自己的问题解决能力而涉猎各种与工作无直接关系的书籍，深入开发自己的能力。

外控型的人则一贯主张决定事物成败的是客观环境、运气或他人，自己是无法左右结果的。因此，他们的工作积极性低，也疏于拓展自身能力。他们并不觉得努力就能敲开成功的大门，一旦达不到预期效果就立刻放弃。

因此，我们可以从一个人在工作业绩不佳时所给出的原因的内容和多寡来界定他工作积极性的高低。如果一个人把不如意的结果归咎为市场不景气、竞争对手攻势凶猛、与客户方"八字不合"等外部因素，一般来说他是工作积极性低的人；而归咎为自己的做事方法欠妥或准备不足等内部因素的人，一般来说会是工作积极性较高的人。

如何应对员工的沮丧消沉

● 归因的 4 种要素

> **Q** 公司有些人在工作上一受挫就非常消沉，积极性骤降。但没有什么工作是一帆风顺的。如果一个人抗打击力差，那他将来少不了吃很多苦。请问有没有什么方法能帮助这类人改善心态呢？

不少企业管理者对公司里那些很容易沮丧消沉的员工感到束手无策。

因工作上出大问题而沮丧是人之常情，比如自己的工作失误给公司造成了重大损失，或是原本以为项目策划和客户反馈都不错，肯定能拿下大订单，却希望落空。可有的人会因为被指出小错误就十分消沉。这样的人对领导来说确实比较棘手：如果他们工作上存在不足，领导不能不提醒他们注意改进，以免客户投诉。但要是领导不把握说话分寸，让他们过于沮丧消沉的话，又会进一步打击他们的工作积极性。因此对待这样的员工，领导不得不瞻前顾后、投鼠忌器。

如何才能让这类很容易沮丧消沉的人变得坚强，禁得起打击呢？在此需要用到我们在前一节提到的归因理论。

▌有两种内控型

在上一节，我们提到了内控型的人是将成败原因归结为自身问题的人，并且一般来说，与外控型的人相比，内控型的人工作积极性偏高。但事实上，内控型的人也分为抗打击力高的人和抗打击力低的人。后者虽然平时积极主动地投入工作，但一受到小挫折就非常沮丧，容易失去工作热情。

这类人的特征是什么呢？

阐明相关心理机制的是美国心理学家伯纳德·韦纳（Bernard Weiner）等人。韦纳在内控型—外控型的基础上，增加了固定（稳定）—不固定（不稳定）的维度，将内部因素分为稳定的能力因素和不稳定的努力程度因素。（我认为能力相较于努力程度不易变化，但也有发展的可能性。因此我这里不用"固定"，而是用"稳定"一词。）相应地，内控型的人也有归因于稳定的能力因素的人和归因于不稳定的努力程度因素的人。

归因的 4 种要素

	稳定性	
	稳定的	不稳定的
内控	能力、素质	努力程度、技能、状态
外控	任务难度	运气

一个人的能力短时间不会发生太大变化，这比努力程度要稳定得多。比如足球比赛中，面对有绝对压倒性实力的对手，普通水平的球队成员再怎么努力练习，也不可能在第二周打赢对手。工作也是同样的道理。实力弱的人是不可能在第二周或第二个月就能变成实力强的人。

而努力程度是可以立刻改变的。原本敷衍了事的人因为某一契机开始奋发向上、埋头苦干，生活中这样的例子并不少见。比如在一次足球比赛中，你们的队伍输给了一支实力相仿的球队，输球的原因可能是韧劲不足或战略不佳。那么对于第二周的比赛，你就可以仔细研究布阵策略，提高韧性耐力，带着绝对要打败对手的信心，更加积极地迎战。工作也是同样的道理。如果你觉得自己不够努力或是功夫没下够，只要想改善，第二天就能做到。

把失败归咎于稳定内因的人抗打击力弱

我们从上面的分析可以推断出，当一个人失败时，他是将其归咎于能力还是努力程度，对他未来积极性的影响是完全不同的。

此外，归因和抗打击力的关系也紧密相连。

我们可以发现，当一个人获得成功时，无论是归因为稳定的能力还是不稳定的努力程度，只要是归结为内因的人，工作积极性都较高。但当一个人遭遇失败时，归结为何种内因就是一个关键问题了。如果归结为努力程度等不稳定的内因，那么这个人仍然能保持较高的积极性，而如果归结为能力等稳定的内因，那么这个人就会有积极性下降的倾向。

被指出一点问题就立刻垂头丧气的人，主要是因为自己把问题归咎于自身能力、素质等稳定的内因才变得消沉的。因此，改变这种归因方式就可以改变容易灰心的心理倾向。

提高积极性的说话方式

通过以上分析，我们了解了抗打击力差的人往往容易把自己的失败归咎于能力、素质等稳定因素。因此，他们一旦被别人指出错误，就会认定"我不行""反正我不会成功""我不适合这个工作"，于是意志消沉、积极性下降。

当事情发展不顺利时，"我不适合这个工作"（素质差）的想法会造成积极性下降，而"我还没掌握相应技能"（技能不足）或"这次情况复杂，我无法集中精力"（状态差）的想法不会影响积极性。

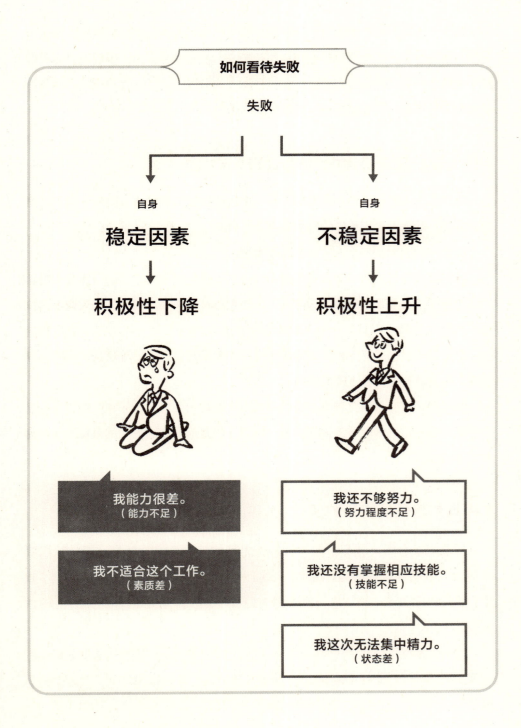

在指导员工工作时，对两种内因的区别意识尤为重要。比如，当工作结果不太理想时，要多从不稳定因素出发，告诉员工"再努努力就没问题了""多磨炼磨炼本领就成了""换个好环境，注意力集中的话肯定是另外一个结果"，让员工意识到还有很大的改善空间。这种说话方式才不会挫伤员工的积极性。

第 2 章

如何正确地
激励与考核

为什么不能一味地追求"成果主义"

● 明确考核维度

> **Q** 作为上级的我想认真对下属进行人事考核，但与其他管理层并没有达成一致意见。每个人有各自的侧重点，我们无法统一人事考核方案。我想要设置一个员工认可的、明确的人事考核标准，能否请您指导一下我该如何设定考核维度？

对任何企业来说，人事考核都是个难题。毕竟员工对人事考核的不满可能造成工作积极性下降，甚至导致企业整体业绩下滑。有不少企业管理者不知道如何建立员工认可的人事考核体系，也不知道如何利用人事考核提高员工工作积极性和公司业绩。

要建立员工认可的人事考核体系，首先要做的就是明确考核标准。如果考核标准不明确，就会出现考核过于笼统或带有考核人个人主观意见的情况。这会导致不同的领导有不同的考核方式，员工不清楚考核内容，因此产生不满情绪或不信任感。

所以，企业必须明确考核标准。

▌奉行成果主义的人事考核体系的 5 大弊端

以前日本企业在人事考核时很重视论资排辈，后来受到讲求能力的欧美企业影响，才逐步将能力放在重要位置，最终将欧美的成果主义引进企业的人事考核体系。

日本的公司常常有些老员工无心工作、毫无建树，却因进公司早而工资较高，其他员工对此多有不满。引进成果主义，可以根治这类人事考核的沉疴。但是，成果主义并非有百利而无一害的良药，它存在以下 5 个弊端：

- 不重视不易出成果的工作。
- 过于追求工作的量，可能导致质的下降。
- 无意义的数据化导致最终得到的数据无法反映实际的工作质量。
- 成果易转化的部门和成果不易转化的部门，两者的员工积极性容易出现很大差异。
- 万事只论结果的风潮让勤勉努力和诚实守信的工作态度很难获得好评。

如果只按照销售额给员工定薪，员工很可能在那些与销售额不直接挂钩的业务上得过且过、敷衍了事，长此以往，员工很难维持细致全面的工作态度。如果按拜访客户数量的多少来定成绩，就会导致只追求拜访量的员工能得到好评，而愿意花时间认真耐心地走访客户的员工无法获得好评。对于那些成果难以量化的部门，比如行政管理部门等，如果没有相应的考核标准，员工的积极性也会下降。因此一刀切地将成果数据化并没有什么意义。时不时有新闻报道某企业出现欺诈客户、谋取私利的丑闻，这其实也反映了"万事只论结果"的弊端。

综上所述，为避免出现类似情况，公司建立考核体系时也要兼顾工作质量、工作态度等成果以外的要素。

▌人事考核的 9 个维度

除成果之外，研究人事考核维度的心理学家乔卡林根·维斯威兰（Chocka-lingam Viswesvaran）等人还提出了能力、行为等 9 个评价维度，对员工的努力程度和工作态度等不直接与成果挂钩的因素和完成目标的过程也进行考核。

首先，工作的量可以从效率方面来测评，工作的质则可以从工作的正确率、完成度方面等测评。

其次，工作能力可以从交际能力、运营能力、领导能力、沟通能力等方面测评。交际能力可以从与人协作的能力、与客户保持友好关系的能力、与同事保持合作关系的能力等方面测评，人际关系方面的沟通能力也包含在交际能力中。运营能力可以从岗位调整和管理的能力、进度管理能力等方面测评。领导能力可以从提升下属工作积极性、推动下属取得成果的能力等方面测评，这其中有与运营能力交叉的部分。沟通能力可以从信息收集能力、信息传递能力等方面测评。

除了工作成果，我们也要将工作过程、工作态度考虑在内，考核员工的努力程度和业务知识。努力程度可以从毅力、自主性、工作热情、勤勉程度等方面测评。业务知识可以从对与工作有关的基础知识和最新知识的掌握程度，或者是否知晓掌握专业知识或最新知识的信息源——专家等方面测评。

最后，员工身为企业的一员，需要遵从企业的各项规章制度。这个维度可以从遵守规定、与领导友好相处、熟知和接受企业文化等角度进行测评。

但即便从上述 9 个维度明确了人事考核，也并不能完全保证考核的客观性和公平性。无论如何细化考核维度，进行具体考核的都是人，免不了会有主观因素代入其中。那该怎么办呢？下一节，我们就一起来看看这个问题。

人事考核的 9 个维度

1 交际能力
与人协作的能力、与客户保持友好关系的能力、与同事保持合作关系的能力等

2 运营能力
岗位调整和管理的能力：管理工作进度、适当安排岗位、有效分配工作的能力

3 质量
工作的正确率、完成度、浪费情况等

4 效率
工作量：生产量或销售量

5 努力程度
做好本职工作、挑战困难的努力程度：自发性、工作热情、勤勉程度、持久性等

6 业务知识
对与工作有关的基础知识和最新知识的掌握程度、认识掌握专业或最新知识的人

7 领导能力
提高他人工作积极性、促使他人高效工作的能力

8 遵从权威
遵守组织或职场的规则，遵从领导，熟知并接受规章制度、企业文化等

9 沟通能力
收集和传递口头/书面信息的能力

我们会带着多大的主观意见评价他人

● 心境一致性效应

> **Q** 作为要考核下属的领导，我当然是想尽可能地公正评价每个人。但听说人的情绪会影响评价结果，我对此有点在意。以前确实有领导看心情给我打分，难道我自己也会在无意识当中让自己的心情影响员工的考核结果吗？

人事考核有时重要到可以左右员工的职业生涯，因此考核人会非常小心谨慎。但考核人毕竟是人，考核过程再怎么客观，要完全排除其中的主观因素也是极为困难的。尤其让考核人顾虑的是：在不自知、不自觉的情况下，他们的心情可能会对考核结果产生一定的影响。

某公司员工曾同我分享过下面一番个人经历，可谓心情影响考核的典型案例："领导明显偏心比我进公司晚的人，从他和我们说话的语气就能感觉出来。他甚至会把快出成果的项目、有意合作的客户全部都交给他偏心的员工。有天我实在是忍不下去了，思来想去后向他反映了。结果他居然认真地听了进去。不过，让我吃惊的是，我领导竟然不知道他自己这么偏心。虽然他也认可我，但他那么过分地偏袒别人还不自知，真是不可思议。想到以后还会一直这样，我就有点绝望。"

每次听到有人向我抱怨类似的事时，我总是不由得感叹"人是多么主观的生物啊"。这是我们在人事考核时首先要明白的前提。而在这一方面，我们尤其要注意心境 ① 一致性效应的影响。

---

① 心理学中，心境特指比较微弱而持久的情绪状态。——编者注

▌大脑会根据心境选择记忆和回想的内容

我听过很多不同年龄段的人的经历。当这些人讲述自己的过往时，我发现那些心情愉悦、乐观向上的人聊人生中积极的事比较多，而那些失落沮丧、心怀不满的人聊消极的事比较多。然而，当让他们按时间顺序讲述从小到大经历的人生大事时，我却发现后者并未经历过更多消极的事。

这就产生一个问题：同样是经历了快乐的、欣喜的事或者难过的、遗憾的事，为什么不高兴的人要比高兴的人会说出更多消极的事呢？

这其实是心境一致性效应在作怪。

在心理学家戈登·鲍尔（Gordon Bower）等人所进行的有关记忆的心境一致性实验中，实验人员诱导一半受试者沉浸在愉悦的心情中，诱导另一半受试者沉浸在哀伤的心情中，之后又让他们阅读故事，其中包含大量令人快乐或伤心的情节，并在第二天让他们回忆这些情节。

结果发现，两组受试者回想起来的情节在数量上几乎一样。但是带着愉快的心情阅读故事的那组受试者更常想起的是令人快乐的情节，而带着悲伤的心情阅读故事的那组受试者更常想起的是令人伤心的情节。也就是说，两组受试者记忆的内容明显因为心境不同而不同。

除了影响信息输入时的记忆情况，心境一致性效应还会作用于信息输出时的回忆内容。在另一项实验中，实验人员先让受试者阅读同一个故事，第二天再在他们回忆内容时进行情绪诱导。结果心情愉快的人多是想起令人快乐的情节，而心情悲伤的人多是想起令人伤心的情节。

从上述实验，我们可以知道一个人的心情会左右他记忆的方向。总是不高兴的人之所以常常会抱怨发牢骚，可能并非因为他们常常遭遇坏事，而是因为他们容易对坏事印象深刻，并容易回忆起坏事。

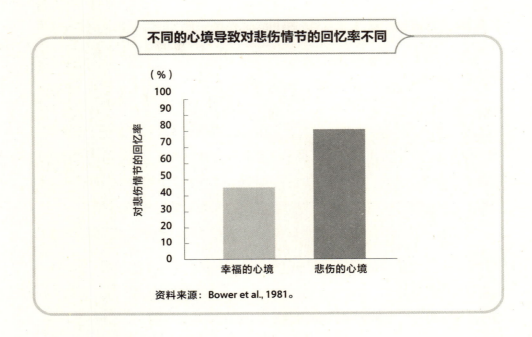

不同的心境导致对悲伤情节的回忆率不同

（%）

纵轴：对悲伤情节的回忆率

横轴：幸福的心境　　悲伤的心境

资料来源：Bower et al., 1981。

心境影响对人的评价

鲍尔和另一位心理学家约瑟夫·福加斯（Joseph Forgas）曾经做过一个有关对人评价的实验。他们诱导一半受试者产生积极的心情，诱导另一半受试者产生消极的心情，然后让两组受试者对某一人物进行评价。结果发现，给予肯定评价的以心情好的人居多，而给予否定评价的以心情糟的人居多。

那么，为什么不同的心境会让人们对同一人的评价不同呢？这也和记忆的心境一致性效应有关。

当实验人员让受试者尽可能详细地回忆并举出被评价人物的特点时，心情好的人回忆起来的积极特点要远超消极特点，而心情糟的人回忆起来的消极特点比积极特点更多。从上述实验中，我们可以知道不同的心境会让记忆的内容不同，从而导致考核人对被考核人的评价不同。

假设员工 A 和员工 B 各有优缺点，在工作上也有体现各自优缺点的表现。

但是领导和员工 A 意气相投，能畅快地谈天说地，而和员工 B 就只能说些工作上的事情。这样一来，这位领导在考核员工 A 时的心情就要比在考核员工 B 时的心情更积极。

因此，无论在工作成果还是工作态度上，即便 A、B 两者实际并没有什么差距，员工 A 在考核结果上也往往要好于员工 B。这是由于记忆的心境一致性效应使作为考核人的领导更容易想起员工 A 的优点和良好表现。虽然这位领导并不是故意偏心的，也是针对两者的工作成果和态度去考核的，然而他与被考核人相处时的心境影响了他对被考核人的记忆，而这个记忆恰恰是考核的根据。

我们在进行人事考核时，要有意识地减少甚至消除这种因心境不同而带来的差异影响。

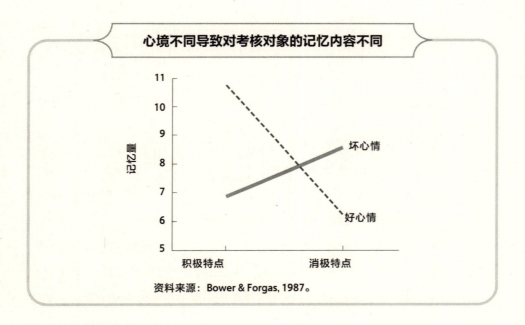

心境不同导致对考核对象的记忆内容不同

资料来源：Bower & Forgas, 1987。

如果员工高估了自己的能力怎么办

● 积极错觉

Q 我感觉我们公司充斥着员工对人事考核的不满。虽然我非常谨慎地考核，尽可能地做到公平、公正、公开，但他们还是有意见，怎么做才能让他们都心服口服呢？

几乎没有哪个企业的员工对人事考核毫无怨言。虽然我在前文阐述了人事考核的理想维度，但实际上，无论我们在考核标准上下多少苦功，也无法彻底消除员工对人事考核的不满。然而，这并不意味着我们可以对这个问题置之不理。

首先，我们需要认识到绝对公正的人事考核难于上青天。考核人不管尝试何种考核，也几乎不可能做到万无一失、毫无漏洞。其次，即便做到绝对公平公正，也总会有发牢骚的人出现。而一再完善修正人事考核体系的公司中依然免不了出现抱怨的声音，这种现象其实与某种心理因素有深刻的关系。

▍谁都会高估自己

每个人都很自恋，认为自己与众不同，因此会有高估自己的倾向。比如，有个人工作非常努力，而他的一个同事也同样勤恳，那么在两人考核结果相同的情况下，这个人就会有"我这么努力，居然没得到更好的评价"的不满情绪，而他的同事心里也会有同样的想法。所以，谁都会抱怨，谁都有意见。

这种高估自我的心理倾向称为积极错觉。

心理学家大卫·邓宁（David Dunning）等人对此进行了一系列非常值得

深思的研究。在一项研究中，有 60% 的人认为自己的运动能力属于中等以上，只有 6% 的人认为自己的运动能力属于中等以下。但是从统计学上来看，高于平均值的人占 60% 是不可能的。一般来说，中等以上和中等以下的群体分别占 20% ～ 30%，剩下的就是中等。

　　既然在像运动能力这种客观上容易辨识的特征上，人们对自我的认知都偏颇到如此地步，那些不容易辨识的内在能力就更别提了。由此，我们可以推测出在欧美社会强烈推崇的领导力这一能力上，人们的自我认知会更加偏颇。果不其然，研究发现 70% 的人认为自己的领导力是中等以上，只有 2% 的人认为自己是中等以下。而事实上不可能存在 70% 的人高于平均值，2% 的人低于平均值的情况。

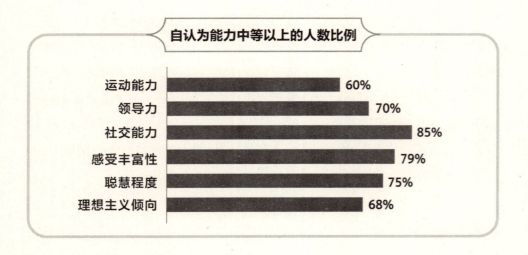

　　更为偏颇的是关于社交能力的自我认知。因为没有统一的标准，就连实际上不善与人相处的人也容易认为自己善于和人打交道。从研究数据来看，在社交能力方面，居然有 85% 的人认为自己是中等以上，而认为自己是中等以下的，竟一个也没有。

　　另有研究发现，有 90% 的管理者认为自己的能力要比其他管理者优秀，有 94% 的大学教授认为自己的成就要高于平均水平。

积极错觉产生不满

我们通过以上研究分析可以明白，人很容易高估自己的能力，所以员工抱怨背后的积极错觉是不可忽略的。

有些良善的企业管理者在人事考核时，除了成果，还将员工工作努力的态度、对客户的坦率真诚等列入考核范畴，并与多个管理者商榷后才决定员工的考核结果。即便这样，员工还是有不满。这让这些企业管理者万般无奈，不知如何是好。其实，这时候他们就要考虑到积极错觉的影响。因为很多人会认为自己的工作能力和工作成果是中等以上或中等水平，包括实际不然的人在内。

因此，即便是获得了相当公正的考核，大多数人在积极错觉的作用下还是会觉得自己没有获得公允的评价。总而言之，并不是人事考核体系做得尽善尽美就能完全消除员工的不满。

让每个人都了解有关积极错觉的知识

对于因积极错觉产生的不满，重要的是让全体员工了解有关积极错觉的知识。

就日本来说，日本人很少像欧美人一样对自己的能力抱有积极错觉，但是很容易在认真度、包容感、坦诚度等方面有积极错觉。因为这些特征在日本文化中广受重视。

在日企中，当迟迟做不出成果，人事考核结果并不理想时，员工往往会抱怨"我这么努力工作，居然没有得到好评"。即便周围的同事也是同样兢兢业业，对客户诚意十足，他们还是少不了不满。

综上所述，要减少或消除充斥职场的考核怨言，我们需要尽可能做到公平公正地考核，同时也需要让全体员工共同学习积极错觉的相关知识，了解其心理机制的作用。

为什么能力越弱的人
越会对自己有过高的评价

● 邓宁 – 克鲁格效应

> **Q** 我手下有工作不力的员工，无论我怎么提点，他都没有丝毫改变。我感觉他对自身的工作态度没有足够的自觉。不知道他是不是过于乐观，每次犯错都没有深刻反省。我多少次提醒他注意，但他口头上连连称是，行动上还是老样子。明明工作反复出错，迟迟拿不出成果，他为什么还是不改进自己的工作方法呢？

有这类员工的公司似乎并不少，我常常听到类似的疑惑。

2000 年，积极心理学在美国形成；如今，该理念已经在世界范围内广泛传播。诚然，积极心理学是有用的。但是，由于该学科涵盖广泛，加之一些原本就过于乐观且没有自省习惯或不愿深入思考的人的存在，大众对积极心理学有普遍的误解。

积极本身并非坏事。如果一个人过于消极被动，稍稍被人指出点错误就立刻消沉沮丧，无法做好工作，那对公司来说无疑是不理想的。

但是，过于乐观的员工也会让领导头疼。比如，有些人被多次反复提醒注意，也依然没有理解领导的意思。相似的错误被一再指出后，他们虽然口头上连连称是，但一转身还是我行我素，错误依旧。还有些人明显能力不够，在新项目募集成员时却总是毛遂自荐，让领导发愁如何才能既不打击他们又能拒绝他们。

▌能力越弱，越容易高估自己

有很多企业管理者曾向我诉苦说，无论他们如何提醒能力差或工作马虎的员工，这些员工还是不反省，没有丝毫改善和进步。

不少人会有这样一种印象：面对领导的提醒，那些工作能力欠佳的员工往往会泰然处之，听不进意见或建议；那些工作得力的员工反而非常谦虚，一被提醒就战战兢兢，认真反思。这一观点其实已经被心理学家大卫·邓宁和贾斯汀·克鲁格（Justin Kruger）证实。

在相关研究中，邓宁和克鲁格先是测试了受试者的几项能力，然后将测试成绩分为了最佳组、中上组、中下组和最差组，最后让受试者按照分组在这几项能力上进行了自我评估。

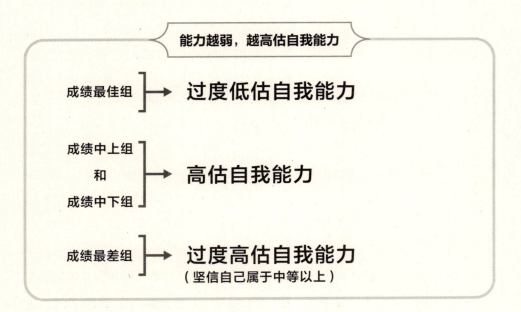

他们发现，在幽默感上，最差组的实际成绩要明显比平均成绩低，但其自我评估成绩却是中等以上。实际成绩为最佳组的受试者没有这种高估现象，甚至自我评估成绩比实际成绩要低。在逻辑推理能力上，受试者中也出现了同样的现象。结果就是，最差组的受试者尽管实际成绩劣于 90% 的受试者，却依然认定自己的成绩属于中等以上水平。

其他研究也得出了相似的结果——能力越弱的人越容易高估自我能力，能力越高的人反而越倾向于低估自己的能力。这个现象被称为邓宁－克鲁格效应。

▌能力差的人对自我能力的认知度也差

从前面的研究结果来看，能力差的人不仅仅是在某些领域工作能力欠佳，他们对自己能力的认知度也比较差。这可以解释为什么有些工作做不好的人无法自觉到自身危机。

有的领导发愁自己的一些下属为什么犯了多次相同错误却从不改善。其实，这是因为对方即使被多次提醒也没能认识到自己重复犯错的问题，自然也就不会想到要改正。

有的领导奇怪为什么自己的一些下属知识储备不够，却不抓紧时间学习，居然还有闲情逸致侃大山。其实，这是因为对方并没有发觉自己业务知识不足，自然也就毫无危机意识。

有的领导不解为什么自己的一些下属如此高估自我，明明能力不足，还在项目团队成员招募时自卖自夸。其实，这是因为对方完全没有意识到自己的相关工作能力不足，自然也就会心平气和地参加竞争。

▌通过阅读磨炼认知力

那么，我们该如何对待这类意识不到自身问题的人呢？假如你告诉他们，他们的工作没做好，你一定会遭到反驳，他们也完全听不进去。

因此，重要的是让对方能主动认识到这一点。一般来说，这类人没有主动阅读、开发思维的习惯，因此我们可以设置一个强制学习的时间，大家一起读书提升自我。公司业务繁忙、腾不出时间的话，可以每隔几天组织个 15 分钟、30 分钟左右的读书时间。

任何锻炼逻辑思维能力的书籍都可以选用。已有心理学实验证明，阅读理解能力提高后，自我认知力也会随之提高，从而相应地减轻高估自我的倾向。除此以外，提升阅读理解能力有助于个体更好地理解他人的意思，有利于缩小交流鸿沟。

为什么有些人无法改善工作现状

邓宁 - 克鲁格效应

能力差的人很难意识到自身能力差

↓

多次提醒也无法听取意见

↓

多读书，逐步提高认知能力

什么样的薪资体系是合适的

● 成果主义、努力主义与平等主义

Q 实现工龄工资向成果主义的转换，让员工按贡献而不是按入职时间或自身年龄来获得回报——这种薪资体系改革理应受到员工的欢迎，但实际并没有这么简单。据说，新的薪资体系并未完全适应日本社会，人们依然对此有所抵触。请问这究竟是什么意思呢？

以前日本的企业都约定俗成地采用工龄工资的薪资体系。在当时的日本社会，敬重长者和前辈的文化已经深入人心，因此每个人都理解和遵从工龄工资的薪资体系。

然而，当欧美文化从各个方面渗透日本社会时，人们对各种传统观念产生了怀疑。即便是对过去运行良好的工龄工资体系，也出现了质疑和不满的声音。比如，年轻员工不满意老员工仗着工龄长就能领到高工资，而不管他们的工作做得如何。再比如，同样是工作，有的人为公司做出巨大贡献，而有的人却敷衍了事、得过且过，但是两者的涨薪幅度和工资一样，完全没有区别。长此以往，员工很难保持较高的工作积极性。因此很多企业导入了以能力和成果为核心的考核制度。

但是，基于国外文化的制度必然会因与本国传统文化的冲突而产生问题。这些年来，推崇成果主义的人事考核体系逐步暴露出各种弊病，如今已有企业在重新审视这种考核体系的作用。

日本社会目前存在企业不考虑文化背景，一味引入欧美式考核体系的现象。但是，想要避免因成果主义的弊端而导致的失败，就需要我们深刻理解成果主义的优缺点。其实，成果主义有很多容易被误解的地方。

成果主义只论努力程度吗

年轻人非常推崇成果主义。他们常常说："真受不了工龄工资的薪酬体系，老员工随便应付工作就能领高工资。引入成果主义就能减少这种尸位素餐的现象，年轻人也能相应地涨工资。公司应该多多采用成果主义。"或是："成果主义制度下，只要努力付出就会有相应回报。我们应该完全按照成果主义来定薪。"

但是，成果主义真的如此吗？

"成果主义有利于年轻人涨工资"这个认知并不完全正确。虽然从它可以减少老员工不应得的工资，将其分配给做出成果的年轻人这一点来说，成果主义确实有利于年轻人涨工资。但无论是老员工还是新员工，如果不管年龄高低，一律按成果发工资，年轻员工并不一定能占到优势，获得高工资。在同一家公司的不同时期，即使年龄一样，进公司时间一样，员工的工资还是会因此产生巨大差异。

"成果主义只论努力程度"这个认知则是大错特错。成果主义指的是万事只按成果说话。因此，即便拼命努力，只要没有出成果，工资等级也还是会停在最低一级。

对成果主义的常见误解

"成果主义有利于年轻人涨工资"

➡ **实际上**

涨工资和年龄无关，能力高就涨工资，能力低就降工资

"成果主义只论努力程度"

➡ **实际上**

成果才算数，和努力没必然关系

日本社会一直有推崇努力工作的文化传统，这种根深蒂固的努力主义文化在一定程度上滋生了后一种误解。但欧美的成果主义提倡的是成果，不是努力。

我们可以借助运动员的例子来理解这一点。在棒球运动员中，投手的年薪根据比赛获胜次数、救球数、中继成功次数、自责分率、守备率等成绩决定，而外场手的年薪则根据打击率、打点、本垒打数、牺牲打数、四坏球数、盗垒数、防守率等成绩决定。即便他们再怎么拼命努力，没有好成绩也是得不到认可的。因此有的棒球运动员即便是新人也能获得高薪，而有的棒球运动员拼死拼活却没有从预备队毕业，只能靠着低薪果腹，甚至面临失业。

成果主义的本质是，不看年龄工龄，只看成果。按照销售额、签约率等成果来计算工资，取得的成果多的人能获得高工资，没什么成果的人再怎么认真努力也不得不领低工资。

▌努力主义和平等主义

日本目前治安上诚然出现了不少问题，但和其他国家相比还算不错。这背后的原因是深入日本社会方方面面的努力主义、平等主义等传统文化。

正如前述，之所以有很多日本人误以为，成果主义代表着只要努力付出就会有相应回报，可以说就是因为日本社会提倡努力，推崇不以成果论成败的努力主义思维方式。在体育竞技的舞台上，我们也常常看到过于讲究比赛过程公平公正的日本选手，与用成果说话、不赢比赛不罢休的外国选手形成反差。

与成果主义不同，努力主义的初衷是：只要拼命努力，即使没有成功也应该得到认可。除努力主义以外，平等主义在日本社会也深入人心。如果同在一家企业，不同的人入职时却因学历或能力不同，薪资差距达到几倍，就像不同能力的棒球运动员一样，这种情况是日本人难以忍受的。但在推崇成果主义的欧美社会，这种不平等则司空见惯、理所当然。

总而言之，在引入外国的企业文化制度时，我们需要在本国文化传统的基础上进行调整。这也是许多日本企业并未完全采纳基于绩效的系统，只将其部分应用的原因之一。

"万事只看结果" 易造成伦理道德上的混乱

➡ • 企业容易出现欺诈消费者以谋求私利的丑闻
   • 企业内部员工出现收入鸿沟

➡ • 能力上相当优秀的人毕竟是少数，剩下的大多数人被逼得放弃努力

▼

认可勤奋努力，缩小收入差距

企业要兼顾植根于员工内心的
文化传统来完善人事考核体系

如何建立一个良好的考核体系

● 母性原理与父性原理

> **Q** 在学校的成绩考核或企业的业绩考核上，欧美社会与日本社会的严格程度完全不同。在全球化的今天，日本社会可以说几乎在各个方面都向欧美社会学习，但是在有关成绩、业绩考核上却和欧美社会有很大不同。我认为日本社会在考核方面过于宽容，请问这算是弱点还是优点？造成这种差异的原因又是什么呢？

在上一节我们解释了成果主义的严苛性，也提及了植根于日本文化的努力主义和平等主义。这三种观念其实与母性原理、父性原理孰强孰弱的文化差异有着深刻关系。可以说，欧美的成果主义是父性原理的作用，而日本社会的努力主义和平等主义是母性原理的作用。

在欧美国家，一个员工只要没有发挥企业期待的能力，一般很快就会遭到解雇，而他也能理解企业的这种做法。但是，如果日本企业出现类似情况，就马上会有人同情被解雇的人，觉得他真可怜，受到非人待遇了，甚至抨击企业。

日本社会推崇的努力主义源于"结果不代表一切，勤奋努力就应该获得认可"的观念。因此，日本人很反对企业抛弃那些勤劳工作却没有取得成果的员工，常常谴责这类企业不人道、太残酷。而日本社会提倡的平等主义则源于"不管差距多大，同样都是人就不应该区别对待"的观念。在这种观念下，人无论个头高矮、跑得快慢、工作能力强弱，都应得到同等对待。

为什么日本和欧美国家会出现这种文化差异呢？这就需要我们了解一下母性原理和父性原理各自的特征。

母性原理和父性原理各自的优劣

心理学家河合隼雄[①] 在其著作《母性社会日本的病理》中分析过日本社会的蛰居问题。他说母性原理体现"包容作用"，父性原理体现"分割作用"。

父性原理与母性原理

欧美社会的成果主义背后是

父性原理

➡ 只认可那些履行义务、发挥能力的人

日本社会的努力主义和平等主义背后是

母性原理

➡ 无论能力、取得成果的大小，接纳所有人

**在无意识中铭刻于心的文化敏感性背后，
是这样的原理在起着作用**

---

① 河合隼雄是日本首位荣格学派精神分析师，是日本心理治疗领域无可争议的奠基者和开拓人。其一生著作高达 300 余种，涉及学术专著、心理学普及读物、心理治疗方法、学校教育和家庭教育、家庭问题和社会问题、心灵成长、名人对谈等。在《心的栖止木》一书中，河合隼雄从心理分析的角度，通过 75 则小故事，提供了一种东方式的"行动的智慧"。该书中文简体字版已由湛庐引进，北京联合出版有限公司 2017 年出版。——编者注

母性原理倡导对所有事物一并包容，无论好坏善恶，平等地对待每个孩子。父性原理则倡导对一切事物分割分类，按孩子的能力和个性归类，并相互比较。

在母性原理的作用下，人们不介意孩子的个性或能力，只要是自己的孩子都一并平等爱护。母性原理既有对孩子温暖包容、全力支持的积极一面，又有过度溺爱、妨碍成长的消极一面。

而在父性原理的作用下，人们只认可履行义务、发挥自身能力的人，抛弃不履行义务、不能发挥自身能力的人。父性原理既有培养、提升孩子能力的积极一面，又有过于苛求，以至于打击孩子斗志甚至导致孩子半途而废的消极一面。

母性原理作用越来越大的日本社会

从教育制度来看，在父性原理影响较大的一些欧美国家中，从小学低年级开始就有留级的制度，未达相应年级学习标准的学生是无法升入高一年级的。在大学毕业时，学习能力低的学生无法毕业，只能退学或是转校到低标准的大学。这些规定和现象在当地是司空见惯、理所当然的。

相反，在母性原理影响较大的日本，不只是小学生，就算是初高中的学生，无论学习能力再怎么低都可以升入高一年级。大学生更加如此，如果没有特殊情况就不会留级，学习能力再低也能毕业。

这并不是哪个更好的问题，而是一种文化差异。每种文化都有好的一面，也有差的一面。

如今的日本社会，母性原理的影响越来越大。为消除竞争、减轻压力，初高中不再公布考试成绩，增加了推荐选拔的名额。大学会将学生的成绩或出勤率告知家长，督促家长去管理学生。结果就是，在一帆风顺、毫无阻碍的成长环境下，精神得不到磨炼、抗压力不强的毕业生被一批批输送到社会。

建立发挥原有优势的考核体系

全球化背景下，在强烈父性原理影响下锻炼出强大内心的海外人才日益涌入日本社会。日本人不得不同他们竞争和谈判，艰难地推动企业的发展。与此同时，在日本社会，母性原理影响越来越大。越来越多的年轻人从小在溺爱中长大，没有经历过风吹雨打，内心敏感脆弱。他们不得不面对强大的海外对手，境遇可谓危机四伏。所以在教养方面，我们亟须控制母性原理的"盲目扩张"，重新建立起磨炼心智的教育机制。

不过，日本企业也不应该丢弃母性原理的优势。在父性原理影响较大的欧美国家中，除能力相当优秀的人以外，很多人因为努力换不回成果而处境艰难，变得彷徨迷茫，甚至一蹶不振。相对地，在日本，一个人无论能力高低都能找到工作，也不用担心被公司抛弃，社会环境因此比较稳定。这正是母性原理影响大的优势。

综上所述，我们需要建立一个可以发挥日本现有优势的考核体系，让勤奋努力者获得回报，更让拿出成果、做出贡献的人获得回报。只有这种考核体系才能让每一个人都心怀期待地投入工作，并为社会贡献自己的力量。

如何巧用考核制度

● 相对考核、绝对考核与个人内部考核

> **Q** 如果按能力或成果来考核员工，那么可能由于原本的能力和经验不同，有些员工虽然努力工作了，但没有得到回报，因此变得越来越不积极。请问公司如何才能在考核方式上帮助这样的员工重拾工作热情呢？

很多企业管理者千方百计地想建立一个完善的考核体系，打造一个全员充满希望、热情高涨的工作环境。在他们看来，员工好不容易进入公司，彼此成为战友，应该让每个人都能发挥自己的能力，为公司和社会贡献力量。

然而，在过度推行成果主义的公司里，有些员工虽然做出了超出以往水平的成果，但被能力更强、取得成果更大的人超越了，因此并没有获得超出以往水平的考核成绩，工作积极性也随之逐渐下降。反之，如果不引入成果主义，能力高的、勤奋工作的员工无论做出多少成果都无法获得相应的考核成绩，工作积极性也会逐渐下降。毋庸置疑，这肯定也会造成企业的损失。

那我们如何建立让每个员工都能保持高积极性的人事考核体系呢？

▍3 种考核方式

我们在研究人事考核方案时，会直接关注考核标准等细节的设定，其实最好是从考核的大体结构上入手。能力考核、成果考核的主要方式分为 3 种：相对考核、绝对考核和个人内部考核。它们各有以下几点特征。

1. 相对考核

相对考核是由考核对象在团队中的排名来决定结果的考核方法。比如，初高中的考试或中高考的模拟考试其实就是典型的相对考核，根据考试成绩得出偏差值，即考生在全员中的排名。

在企业中，把销售部门员工的销售额或签约额进行排名，并基于这种排名对员工进行打分的考核，就是相对考核。

相对考核的优点在于考核人是按照工作成果排名对从事相同工作的员工打分，这种方式会让人感觉很公平。而相对考核的缺点在于如果一名员工通过自身努力取得远超前期的工作成果，而其他人也同样取得了成果，那么横向比较来看，这名员工的考核结果就不突出。只要有成绩更好的人存在，员工不管如何努力也无法提高自己的考核档次。这就很容易导致他们工作积极性下降。

2. 绝对考核

绝对考核中，考核对象的成绩和其他人的成绩无关；考核只看考核对象是否达到适用于全体员工的标准。这种考核方式也叫达成率考核。

相对考核中，偏差值表示考核对象在全员中的相对位置。而绝对考核一般是将考核结果分为 5 个档次，最高是 5 档，如果没有达到 5 档，还保持之前水平，则为 4 档，不在考核对象之间做比较，只看本人的表现位于哪个档次。

在企业中，制定绝对的标准，比如完成多少销售额或签约额后就是 A 级，多少金额之内是 B 级，多少金额以下是 C 级等，考核时不参考其他人的成绩，也不限制每个等级的名额，这就是绝对考核。

绝对考核的优点在于一个人只要努力超过档次上限，考核结果的档次必定会提高。不存在像相对考核那样，要是有更优秀的人拿出更出色的成果，就无法提升自己的考核档次。而绝对考核的缺点在于很难设定档次标准。很可能出现最高档次的人越来越多的情况，但公司不可能让所有人同时涨薪升职，最后不得不按相对考核排序。

相对考核和绝对考核的区别

相对考核

→ **本人在团队中的排名决定考核结果**

优点 考核基于成绩的排名，有很高的公平性

缺点 能力不突出的人即便取得好成绩也无法获得好评（因为有更优秀的人取得更出色的成绩）

绝对考核

→ **只要达到一定标准就能获得好评**

优点 不必与他人比较，努力超过标准必能获得好评

缺点 很难预测各个档次的人数去设定标准

3. 个人内部考核

个人内部考核是以考核对象的过往成绩为基准设置考核标准的方法。比如，如果有学习能力低的孩子学到了较以往更多的知识，那么即使别的孩子学到的知识比他更多，这个孩子仍会因为学到更多知识而获得好评。

在企业中，如果一个营销人员近期销售额或签约额超过前期，他的个人内部考核成绩就高，反之则变低。也就是说，他成绩的高低和别人无关，公司也不按照适用于全员的绝对标准来打分，而是看本人的成绩变化。

个人内部考核的优点在于有些人能力较差，不适用其他考核方法，但由于努力和成绩值得好评，这时就可以利用个人内部考核来保持他们的工作积极性。而个人内部考核的缺点在于一旦这种方法使用时间过长，就会引起能力强的人的不满。比如前期销售了 1 000 个产品的人本次销售量提高了 10%，同时前期只销售了 100 个产品的人本次销售量也提高了 10%，但前者的 10% 和后者的 10% 在难易度和贡献度上是完全不同的，按个人内部考核打分的话，两者的得分相同，

这就会导致能干的人积极性下降。

一般在企业中，目标设定采用绝对考核或个人内部考核，而资格认定等采用绝对考核，综合评价则采用相对考核。但是，当员工的工作成绩排名不变，但确实较之前有很大提高时，企业也会从个人内部考核的角度给予员工认可，避免打击员工的工作积极性。

综上所述，3种考核方式各有利弊。企业需要根据其不同的特点，混合使用。

对本人成绩的波动进行考核

个人内部考核

→ 以本人先前的成绩为基准来决定考核成绩

优点 即便个人能力差，但只要取得较之前更大的成果就能获得好评
因此无论能力大小，员工都能保持积极性

缺点 能力强的人容易出现不满

（目标设定采用绝对考核或个人内部考核，资格认定等采用绝对考核，综合评价可以采用相对考核，诸如此类各种考核方式混合使用的情况很多）

不犯错就是最重要的吗

● 加分法与减分法

> **Q** 我们公司很看重员工犯不犯错，一旦出错就会非常影响其考核成绩。因此，大家做什么事都小心谨慎、缩手缩脚。有些人即使想挑战新事物，也会马上受到周围人的反对。每个人都按着老员工的做法，老老实实地工作，有前人做保险，自己也能明哲保身。但是如此下去，公司肯定会逐渐失去发展性，至少我不想让自己管理的部门如此死气沉沉、毫无活力。请问我该从什么地方着手，采取什么对策呢？

　　小心谨慎，以防出错是日本的传统。日本人在工作上讲究的准确与细心正是这种传统的结果，沿袭老路的做法也是出于这种避免意外的谨慎之心。但是，在如今这样一个技术日新月异的时代，前所未有的事物随时都可能出现，每个行业都需要懂得随机应变。这给我们每个人的工作方式与职业规划带来了巨大影响。

　　这样一个瞬息万变的时代要求我们必须化被动为主动，不仅要继承传统，以防出错，而且要勇于挑战新事物，积极应对社会新变化。要想将姿态从消极防御转变为积极进攻，企业管理者必须努力振奋士气，让员工不再缩手缩脚而是大展拳脚、人尽其能。这就需要企业管理者在人事考核体系上下功夫。

　　如果一直沿用以前"不出错就是最好"的考核思维，每个人都会小心防守，不敢大胆出击。果断主动发起挑战的人本来就背负着非常大的风险，甚至还会被周围怕引火上身的人敬而远之，容易受到不公平对待。因此，我们必须对保守的企业考核体系进行改革。

是缩手缩脚，还是全力以赴

当员工发现销售指标很难完成时，有人会悲观地认为，"这么下去完全不可能达到目标，再怎么努力也无济于事了。我不仅会挨经理骂，人事考核结果也会成'吊车尾'，这下真的完蛋了"。于是，他的工作积极性急剧下降，不仅无法完成销售指标，业绩甚至比预期的更糟糕。

但同样的情况下，也有人会乐观地认为，"这么下去确实很难达到目标。再怎么努力也没救了。不过我该做的、能做的还是要继续做。就算达不到指标，订单多争取一个是一个"。于是，他还能保持工作积极性，即便无法完成指标，业绩也要比悲观的人好。

在成绩与能力的提升方面，比起从一开始就放弃的人，那些尽力把自己该做的、能做的全部都做到位的乐观者更值得我们期待。而根据心理学家马丁·塞利格曼（Martin Seligman）[1] 的观点，当比较乐观和比较悲观的人在一起时，前者在学习、工作和运动中的表现更好，这种差距可以归因为前者的积极心态。

如果一个人认为完不成指标就要大祸临头，心情忐忑不安，做事缩手缩脚，那就会得不到预期的成果，无法发挥正常水平。而尽量争取达成目标的人往往并不觉得手脚被缚，会尽全力继续努力工作。那么，要想让员工放心、安心地发挥自身能力，采用哪种考核体系是最理想的呢？

是计算成功，还是计算失败

有的工作要求我们有不怕吃闭门羹、屡败屡战的精神，比如以开发新客户为目标的无预约式推销。这时，面对困难和挑战还能保持高度积极性、不屈不挠的

---

[1] 马丁·塞利格曼是积极心理学创建人，被誉为"积极心理学之父"，还是国际积极心理协会终身荣誉主席、美国心理协会前主席、美国心理协会终身成就奖获得者，曾荣获美国心理协会两项大奖——威廉姆斯奖和詹姆斯·卡特尔奖。著有《真实的幸福》《活出乐观的自己》《认识自己，接纳自己》《塞利格曼自传》等，上述 4 本书的中文简体字版均已由湛庐引进，浙江教育出版社出版。——编者注

人，其思维方式就是加分法。

"又被拒绝了""我已经连续 5 次被扫地出门了"等想法是计算失败的减分法。反过来，"这个人好好听我说话了""已经有 3 个人听我讲产品了"等想法则是计算成功的加分法。

在吃闭门羹的占比都是 80% 的背景下，减分法思维和加分法思维对工作积极性的影响是大有区别的。如果一个人认为"我的被拒率居然上升到了 80%"，只关注到吃闭门羹的增加，就会缩手缩脚，工作热情下滑。而如果他更关注有"20% 的人认真听了我的产品介绍"，就会保持较高的积极性。

因此，为了让员工保持较高的工作积极性，也为了让员工不惧失败、积极挑战新事物，最重要的是让他们摆脱减分法思维，转变为加分法思维。这也可以增加员工活力，营造积极氛围。

未来，世界将迎来一个不可预测的时代。各种令人意外的事情会层出不穷，因此没有事情会是万无一失的。恐惧失败，便无法成就事业。在这样一个时代，最重要的不是避免失败，而是正确对待失败，让失败的教训变成未来成功的垫脚石。

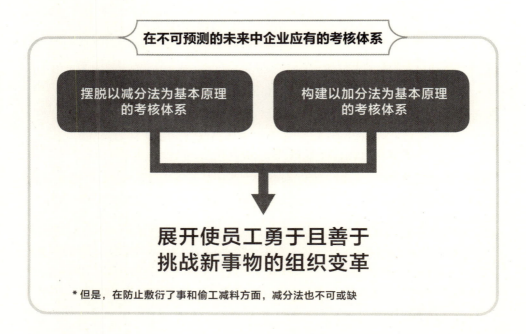

在不可预测的未来中企业应有的考核体系

摆脱以减分法为基本原理
的考核体系

构建以加分法为基本原理
的考核体系

展开使员工勇于且善于
挑战新事物的组织变革

＊但是，在防止敷衍了事和偷工减料方面，减分法也不可或缺

因此，我们需要朝着以加分法为原理的考核体系，对减分法为原理的考核体系进行逐步变革。目标是摆脱日本人传统的减分法思维，让加分法思维渗透到企业的方方面面。固然，减分法的考核体系在防止人们敷衍了事和偷工减料方面的作用不可忽视，有利于保持日本人做事精细准确的既有优势，但我们有必要建立一个打分系统，不对因挑战而导致的失败进行惩罚，而对积极挑战的态度给予好评。

只要尽力就可以了吗

● 目标设定理论

> Q 我听说要打造一个不断出成绩的公司就必须进行目标管理，而且有难度的目标会更有效果。但我在具体实践时却受到了员工的排斥，有的人甚至直接放话："这种目标根本不可能完成！"请问"越有难度的目标，越能带来成果"这种说法到底正不正确呢？

　　欧美国家的成果主义的概念引入日本后，目标管理的概念已经深入到日本社会的方方面面，而目标管理的背后正是目标设定理论。这个理论针对的问题是设定的目标与设定目标的方式如何影响员工的工作积极性和工作成果。

　　工作积极性较高的人会给自己提出高要求，鞭策自己达成目标，即使无人督促也能做出成果。但是大部分人的工作积极性并不高，会下意识地选择最简单、最轻松的目标。因此，目标管理对公司发展非常重要。

　　如今，偏向设定较难目标的看法非常流行，让我们首先来分析一下该看法的依据。

▍设定"具体且有难度的目标"的效果

　　心理学家加里·莱瑟姆（Gary Latham）和埃德温·洛克（Edwin Locke）非常重视目标设定的效果。确实，人没有目标的话，往往就会漫不经心地做事，而设定目标后，就会紧张起来，集中注意力。不过，我们应该如何设定目标呢？

　　莱瑟姆和洛克针对目标设定做过多次研究，发现最受人欢迎的是具体且有难度的目标。他们的调查范围超过 8 个国家，涉及 4 万多人、100 多种职业，结果证明具体且有难度的目标能够提升业绩。

在多项研究结果的基础上，莱瑟姆和洛克做出了目标困难度和工作成绩的函数关系图。如下图所示，斜线 A 表示目标困难度越高，工作成绩越高。但达到某一点（横线 B 上的点）后，无论个体再怎么努力也无法提升成绩，即达到了其能力的上限。之后，只有个体继续朝着目标努力前进，成绩才不会下滑。

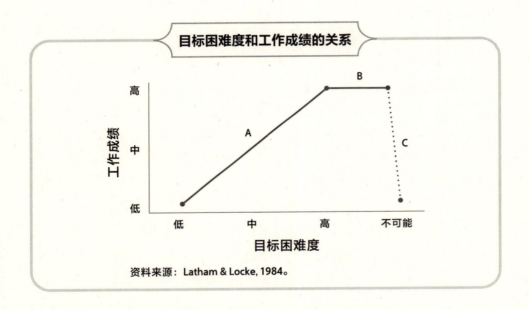

目标困难度和工作成绩的关系

资料来源：Latham & Locke, 1984。

但是，这种具体且有难度的目标也有弊端。如果目标设定过高，无论怎么努力也看不到终点，那就很容易让人泄气或半途而废。这种情况对应的就是图中的虚线 C。

如图所示，假设目标困难度过高，虽然最开始没有出现什么问题，但是到达某一点时就会让人产生"完全够不到目标"的感觉，变得如虚线 C 的走势一样，突然失去继续前进的勇气。

如今，"具体且有难度的目标很有效果"这种观点受到广泛的社会认可。为此，企业也加强了对员工的管理和规定。但是这种管理方法也可能影响员工的工作积极性，甚至导致有人不择手段地去达成目标。因此，我们设定目标时要尤其注意。

"尽全力完成任务"的指示反而让人思想松懈

有研究者从"具体且有难度的目标很有效果"这一角度出发，对"尽全力完成任务"的工作指示进行了比较研究。根据这类研究，设定相当具体且有难度的目标会让员工的工作成绩明显提高。

具体来说，当领导把目标设定得比较模糊，指示让员工"尽全力完成任务"时，员工并不知道到什么程度叫作尽全力，导致有很多对自己要求不严格的员工对工作拈轻怕重、敷衍了事。

而且，"尽全力完成任务"是个模糊的概念，其中没有具体的目标，作为指挥者的领导认为的"尽全力"和作为执行者的员工认为的"尽全力"会出现标准不一致的问题。因此，很容易出现的情形就是：一方面员工向领导抱怨"我这么努力，还没获得认可"，另一方面领导责怪员工"为什么他们没有更认真地工作"。

目标设定的 7 大关键步骤

洛克等人提出了目标设定的 7 大关键步骤。你可能很认可这 7 条，但这里面藏着很多陷阱，操作起来要尤为注意。

比如第一条。实际工作中，我们不可能将所有要做的事都列入岗位职责描述表中。接待客户等突发、紧急的工作很多，不可能事先将所有工作一一列举出来。如果只以岗位职责描述表为基准对员工打分，那么对于表上没有列出的工作，很多人可能会应付了事，这不仅会妨碍公司的正常运营，还会给对无关考核的工作也抱有责任心的员工造成负担。

第二条、第三条提到的成果量化现在非常流行。这种方法不会影响像签约量、销售量、销售额等容易量化的营销性工作任务。但是在完成一份行动清单就能得分的情况下，一方面，员工的工作很容易变得流于形式，另一方面，因为在工作中发挥创意并不会给自己加分，员工也不会关心和研究工作思路与方法的优化。而在根据行为观察标准进行评定时，考核人的评价容易趋于主观，也容易受到考核人与被考核人之间关系的影响，因此要特别注意。

我们在设定目标以及按照目标进行考核时，要防止落入上述陷阱。

目标设定的 7 大关键步骤

1 明确工作的性质（制作岗位职责描述表）

2 明确如何评估（考核）业绩

3 以可直接测量的成果值、行为观察标准等为依据，从量上明确目标

4 明确时间范围

5 如果有多个目标，需设定适用于全员的优先顺序

6 必要时按重要度（优先度）和困难度对各个目标进行量化，综合考评得分，可将单个目标的重要度、困难度和目标达成度相乘，然后再将各个目标的该项乘积相加

7 横向调整目标达成情况。各个工作任务相辅相成时，可以设定公司整体目标。与此同时，明确设立针对个人的评估方法，以测定个人对公司整体成果的贡献度

为什么目标达成后还是毫无活力

● 天花板效应

> **Q** 我听说，要提高员工工作积极性、提升公司业绩，就不能让员工糊里糊涂地工作，一定要设定年度目标。几年前，我将这种方法引入了我们公司的管理中，但是我发现，尽管大家基本上能完成年度目标，可公司的整体氛围依旧很压抑，业绩方面也没有明显提升。请问这种目标设定法是不是有问题呢？

现在社会上很流行一种管理方式——通过设定具体的目标，打造一个工作积极性高和工作业绩好的现代企业。但要注意，这种方式会导致无意义的数据化风行。比如，行政、人事、总务等部门并不像销售部门可以轻易拿出销售额或签约额等量化成果；它们只能列出工作清单，勉强地进行数据化管理。

让我们先来看一个教育方面的例子。有些学校并不只按考试成绩评价学生，还将主动学习等行为包含在内进行考核，比如把学生在课堂上的举手次数、发言次数、去办公室找老师问问题的次数等行为进行量化、打分。然而，这些学校得到的结果是：有的学生虽然不爱学习、考试成绩差，却为了赚学分，在课堂上随意举手回答自己不懂的问题，对学习毫无兴趣却还是追着老师问问题，因此综合成绩较高。相反，那些学习能力强、考试成绩高的学生却没有在综合成绩上取得理想的分数。

同样的情况如果发生在企业中，可能会让认真对待工作的人或是不屑耍小聪明谋利的优秀人才丧失工作热情，这对企业来说是莫大的损失。为引起大家对这个问题的注意，我接下来想讨论一下天花板效应。

▌造成天花板效应的两个原因

天花板效应是指数字的增长已经到顶的情况。从目标设定理论的角度来说，它指的就是当目标已经达成或即将达成时，员工容易浑水摸鱼，不再努力工作。

天花板效应出现的主要原因有以下两点。

1. 担心下一次的目标可能被设定得过高

一般来说，本次的实际成绩是下一次目标设定的基础。如果这一次过于努力，员工就会担心下一次的目标可能被设定得过高，于是就想"这一次做得差不多就得了"。

2. 因做出远超目标的贡献而觉得吃亏

按照是否达成目标来打分、考核的话，员工可能会认为"最好能擦边压线，超太多吃亏的是自己"，因此在快要达成目标时，保留精力。

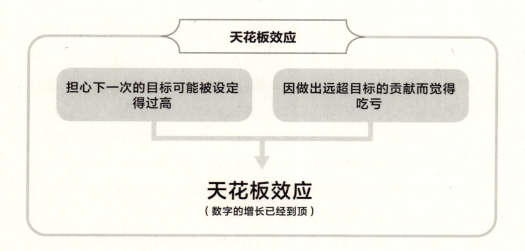

▌预防天花板效应的方法

想避免天花板效应，就要针对以上两种心理采取相应对策。

首先，要考虑到下一次的目标并不一定必须在本次成绩的基础上设定。我们一方面要认可员工本次的成绩，另一方面也不要忽略这个成绩背后可能存在特殊因素的作用。在设定下一次目标时，可以在该员工过去几年的平均成绩或本次全员的平均成绩的基础上来设定。

其次，一定要好好奖励员工超目标的贡献。我们可以计算出超出部分的报酬，将其补偿给员工，或是把超出部分的贡献值反映到考核结果上等，以免员工感到吃亏，觉得"自己过于努力了"。

▌数据拼凑的陷阱

除了天花板效应，数据拼凑也是考核中常见的一个陷阱。数据拼凑，指的是为达成目标而对结果数据进行表面化处理的操作。现实中，不少企业引入成果主义考核员工，设定量化目标，按目标的达成情况决定薪资和奖金，结果却造成了很多部门内部拼凑数据以达成目标的不良风气。

比如，本次的销售目标为2 000万日元，一个员工拼命营销却还是差几百万日元，眼看销售周期快结束了，这么下去很难达成目标。他想到新客户的签约有优惠活动，因此就找老客户商量，让老客户解除上一年度的3年老合同，重新签3年的新合同，这样一来，老客户也有好处，自己也达成了目标。这就是典型的数据拼凑。虽然表面上，员工个人完成了目标，但实际上，企业因新客户优惠活动而减少了收益。这种数据拼凑本质上就是玩数字游戏。

为防止这种行为，我们在考核成绩时，不仅要考虑员工与新客户签约的成绩，还要算上员工过去的成绩。

在以目标为主导的管理方式中，数据会逐渐违背我们的初衷，不受我们的控制，最终往往无法反映实际的工作情况或收益。因此，为消除这种拼凑数据的现象，我们要好好审查企业中是否存在无意义的数据化，考核体系是否能预防天花板效应和拼凑数据现象。

天花板效应的预防方法

\预防方法/

1 下一次的目标不一定在本次成绩的基础上设定

比如——

- 设定在比该员工过去几年的平均成绩稍高一点的位置
- 设定在比本次全员的平均成绩稍高一点的位置

\预防方法/

2 超过目标的部分要纳入考核

比如——

- 计算超出的部分并给予报酬
- 把超出部分的贡献值反映到考核结果上

第**3**章

如何掌控复杂的
人际关系

那些总是喜欢抢功劳的人是怎么想的

● 自利性归因

> Q
>
> 我身边有同事总爱厚着脸皮抢别人的功劳，但是直接挑明他这么做不太好，会很尴尬，又会破坏公司和谐氛围。我只能干瞪眼，毫无办法。但这个人总能像什么都没发生过一样，凑过来与人聊天。真是没见过脸皮这么厚的人。他脑子里到底在想什么？！

　　职场中的人形色各异，其中有些人接触起来让我们想拒之千里，但平常工作中，我们又不得不同他们打交道，为此费力劳心。可以说，职场人最大的压力源就是职场中的人际关系了。

　　在日本，以前公司更注重人品考核，职场中很少有人会做出什么厚颜无耻的事，但现在成果主义逐渐渗透到企业文化中，由此出现了一些抢功劳的领导或同事。这种厚脸皮的人如今在职场并不少见，但很多人不理解的是，为什么这种人总能一副不以为意的样子，一点都不觉得自己卑鄙。抢了别人的功劳，他们心里居然不感到惭愧，还能若无其事地与别人搭话，让旁人觉得简直不可理喻。

　　其实，之所以会出现这种厚脸皮的人，是因为有一种叫作自利性归因的心理机制在作怪。

▍成功就是自己的功劳，失败就是他人的责任

　　人有一种凡事按自身好恶扭曲认知的心理倾向。其典型的表现就是：出现好结果时就把原因归结于自身，出现坏结果时就把原因归结于自身以外的因素。简

言之就是，成功时就夸大自己的贡献，失败时就怪别人、怪环境。这种心理倾向称为自利性归因。

心理学家安东尼·格林沃尔德（Anthony Greenwald）曾就此举出一个常见的例子——考试成绩与学生对试题出得恰当与否的看法之间存在强相关性。考试成绩好的学生往往认为试题出得恰当，而考试成绩差的学生往往不怪自己学习能力不足，反而怪试题出得不当。

我的学生也暴露出很多类似的问题。当今的时代是推崇个性、主张个人权益的时代，日常生活中处处可见各种投诉或索赔。我曾遇到考试后有学生申述"出题范围超纲""出的题没有学过"等，要求给个说法，而实际情况并非如此。于是，我告诉他们："这次考试有的学生几乎拿到了满分。可以看看成绩好的学生做的笔记，那能证明题目没有超纲。"

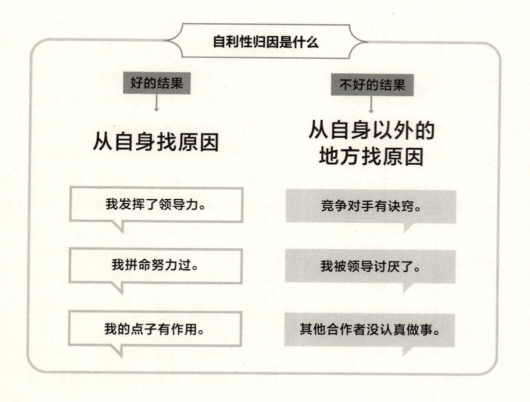

自利性归因是什么

好的结果	不好的结果
从自身找原因	从自身以外的地方找原因
我发挥了领导力。	竞争对手有诀窍。
我拼命努力过。	我被领导讨厌了。
我的点子有作用。	其他合作者没认真做事。

向我申述的学生大部分成绩并不怎么样。他们既没有认真上课，也没有认真复习，因此并不知道考试内容学没学过。但是在自利性归因的心理作用下，他们就把自己不会做题的原因归结于题目有问题。

此外，在某个心理学实验中，实验人员要求受试者参加一项不方便计算个人贡献度的合作项目，并调查了受试者最后会把合作项目的结果归因于谁的身上。结果发现：当合作项目成功时，受试者往往认为是自己的功劳；当合作项目失败时，受试者往往认为是其他合作者的责任。

▌那些抢他人功劳的人真的觉得功劳属于自己

这种自利性归因的心理机制之所以棘手，是因为它是一种无意识的心理活动，本人是无法意识到的。这也是为什么有人将别人的功劳占为己有，还能若无其事。

在上述的考试案例中，没考好的学生会真的认为老师出题有问题。在上述的合作项目实验中，受试者会真的认为项目成功就是自己的贡献最大，项目失败就是其他人的责任。不用怀疑自己的眼睛，人类的认知就是能偏颇到如此地步。

现实中，那些抢他人之功的领导与同事在自利性归因的扭曲认知下，是真的认为功劳属于自己。他们觉得自己领功天经地义、理所应当，所以绝不会羞愧脸红。而被抢走功劳的人无法接受世界上居然有人能平静地抢功劳，还当作什么事也没发生，甚至和和气气地凑过来聊天。自己被气得跺脚，对方却不自知、不自觉，一点也不觉得惭愧。

然而，因功劳被抢走而生气对我们自己是有百害无一利的，只会让我们的心理状态愈加恶化，给身体造成压力，变得对工作完全提不起劲来。即便我们挑明他们是在抢功劳，认知已经扭曲的他们自然也不会承认。再争下去只会让我们自己卷入泥潭，身心愈发煎熬。

每个人都有这种自利性归因的心理机制，尤其是以自我为中心的人，他们的自利性归因倾向更强烈。我们要有意识地牢记这些特点，从平时就做好自我防护。

比如当我们的创意可能会被剽窃时，就不能仅通过口头交谈与他人沟通工作，随后还要用邮件确认内容，以留下证据。同样，按照领导的指示工作时，也要留下确认邮件，抄送相关人员。只要有客观证据，那些因自利性归因看不到真相的人也能知道实际情况到底如何。

抵御自利性归因，做好自我防护

留下证据

→ 用邮件沟通策划案或创意点

→ 口头沟通后要用邮件确认内容

→ 邮件要抄送相关人员

如何面对没有自信的领导

● 怕被人看轻的焦虑感

> Q 我有位领导，每当我对他的提议或指示提出点小疑问，或是就自己关注的某些地方提出点小问题时，他总是勃然大怒："你是不是对我的方案找碴挑刺呢？""你这是打算不听指挥吗？"连我自己都被搞得烦躁不安。请问为什么他会如此生气呢？

我经常听到别人抱怨自己的领导脾气差。

有人告诉我，在某次部门内部会议上，他对领导方案中的某些地方不是太明白，于是提了个问题。结果，领导勃然大怒，吼道："你是不是要找我方案的碴？"把他吓得有点蒙。还有一次，他有个工作安排中的疑问点想找领导确认一下，领导居然大吼："你是不打算听领导的话了吧？"简直无法沟通下去，他只好闭口不言。他想不通为什么他的领导脾气如此暴躁。

还有人告诉我自己的领导脾气虽然不暴躁，但是会冷不丁地闹别扭，性情乖张，总让人下不了台。有一次，他发现领导的一个方案虽然非常有创意，但是再稍微调整一下会更符合实际，于是说出了自己的建议。没想到领导来了一句："哎哟，还是一线的人能想出好点子，比我强多了。"他原本丝毫没有批评领导的意思，但是领导这种话里有话的语气让他满身冒冷汗，欲言又止。

面对他人的质疑，有的人会勃然大怒，有的人会阴阳怪气。但从心理学角度来看，这背后都是怕被别人看轻的焦虑感。

● "怕被看轻的焦虑感" 带来让人困惑的反应

暴怒大吼、阴阳怪气、挖苦讽刺——有这些过度反应的人内心潜藏着怕被看轻的焦虑感。怕被看轻，本质上是这些人担心自己是不是被人看不起、被人鄙视、被人当成傻瓜。

可以说，只有缺乏自信的人才会摆出一副高人一等的模样，装作很有自信的样子虚张声势。他们想通过这些姿态来提高自我形象和地位。但在周遭的人眼中，他们反而因此显得更为渺小。因为虚张声势恰恰让他们自己内心怕被看轻的焦虑感暴露无遗。

这种焦虑感越是强烈，这些人越会感觉对方不怀好意，纵使对方丝毫没有看不起他们的意思。结果，即便是一些不经意的话，他们听到后也会有过度反应，认定别人是在嘲讽他们。

心理学实验也证实，有自信心的人基本能正确推断出他人对自己的评价，而没有自信的人则有低估他人评价的倾向。面对后者的过度反应，一些人生经验贫乏或不善于揣摩他人心思的人会一时间茫然失措、尴尬不已。但只要了解他们行为背后的心理机制，我们就不会太紧张，更没必要为此消耗自己的精力。

我们要与这些容易过度反应的人和平相处，就需要从他们的心理机制出发，多多用心去缓解他们内心的焦虑感。

● 缓解领导的焦虑感

每个人心中都藏有不安和不自信。作为下属的员工容易觉得自己的领导和优秀的同事既经验丰富又信心满满，但事实并非如此。

领导不是全能超人。他既有擅长的领域也有不擅长的领域。作为管理者，领导的工作涉及方方面面。他不可能对每一个项目都熟稔于心，他也会说错话办错事。因此领导心中也藏着怕被看轻的不安感。结果，那些爱依赖别人、总是需要帮助的下属往往更受领导的关照，因为他们缓解了领导怕被看轻的焦虑感。而那些独立自强、得力能干的下属则更不容易受到特殊照顾，因为不自信的领导会认为"反正他们也不需要我的帮助"。

要想与因不自信而脾气暴躁、性情乖张、喜欢嘲讽的领导和平相处，关键就是缓解他们内心潜藏的怕被看轻的焦虑感。

日本人常说的"报联商"——报告、联络、商量，就是一个好办法。一般认为，之所以必须"报联商"，是因为如果一个领导没有整体把握自己部门的各项工作进展，就无法做出妥当的工作部署，要是他的下属经验不足、判断错误，就会给公司造成损失。

但除了这些在实务上的意义，"报联商"也有心理学上的意义。那就是对领导心灵的关爱。大家可能不太理解"报联商"的心理学意义，但实际上这种心灵关爱是极为重要的。

下属的"报联商"越是频繁，领导就越能感到自己的存在，越能意识到自己受到下属的尊重、信任和依赖，大大缓解焦虑感。而如果下属的"报联商"频率太低，领导就会感觉自己的存在感不足，内心受挫。越是没有自信的领导，就越会以为下属看不起自己，觉得自己靠不住。

从这个意义上来说，"报联商"在心灵关爱上是非常重要的。

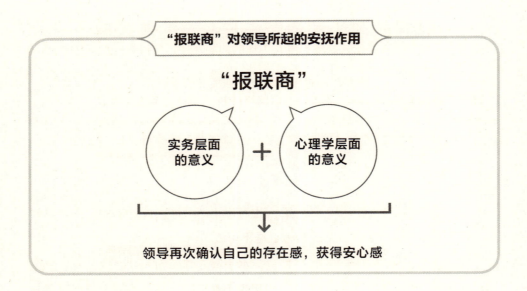

"报联商"对领导所起的安抚作用

"报联商"

实务层面
的意义
＋
心理学层面
的意义

领导再次确认自己的存在感，获得安心感

你是哪种性格特征的人

● 自我状态量表

> Q 良好的人际关系是顺利展开工作的必要条件，但很多人并不清楚自
> 己在现实中是如何与人打交道的，又有什么样的偏好。请问有没有
> 什么方法能帮助一个人了解自己的性格特征对其人际关系的影响呢？

　　人的行为不仅有出于理性的一面，也有出于感性的一面。因此，保持良好的人际关系对于工作的顺利展开和推进是不可或缺的。

　　在商业竞争中，明明比同行条件好、水平高，却因为人脉而接不到订单的事时有发生。其实站在客户的立场上想想也不难理解，毕竟一般人都更愿意向能愉快打交道的公司下订单。那些处理不好人际关系的人通常没有认识到自己的性格是如何影响人际关系的。虽说人难有自知之明，但要想顺利完成工作，就必须了解自身性格特征，清楚自己的优劣势，做到扬长避短。

　　心理学上有一个叫作自我状态量表的测量工具。它可以为我们理解那些表露在人际关系中的自我性格特征提供一个简单易懂的理论框架。

▌5 种自我状态

　　自我状态量表是美国精神病学家约翰·杜谢（John Dusay）基于加拿大精神病学家埃里克·伯恩（Eric Berne）的沟通分析疗法而设计的量表。该量表用柱状图表示了 5 种自我心理状态的强弱。

　　在自我状态量表中，自我心理状态分为父母自我状态、成人自我状态和儿童

自我状态3种。其中，父母自我状态还可分为控制型父母自我状态和养育型父母自我状态。儿童自我状态还可分为自由型儿童自我状态和适应型儿童自我状态。

自我状态的说法较为晦涩。让我换一种通俗易懂的说法，解释一下。

父母自我状态可以叫作爱子之心。爱子之心分为两种，即严格要求、严酷训练的心和关心关爱、温情守护的心。一般称前者为父性，后者为母性，因此我们可以将控制型父母自我状态称为父性，将养育型父母自我状态称为母性。

成人自我状态可以叫作成人之思。成人面临的是如何走进社会、适应现实的问题。成人之思的功能是促进人适应现实社会，因此我们可以将成人自我状态称为现实性。

儿童自我状态可以叫作孩童之心。孩童之心也分为两种：一方面，孩子还没有被充分社会化（被教育或管教），他们身上难掩任性肆意、自由奔放的性格；另一方面，他们无法脱离父母独立生存，只好看大人脸色行事，对大人言听计从。我们可以称前一种孩童之心为奔放性，称后一种孩童之心为适应性。由此，我们可以将自由型儿童自我状态称为奔放性，将顺应型儿童的自我状态称为适应性。

综上所述，我们可以把5种自我心理状态分别称为：父性、母性、现实性、奔放性、适应性。不同的心理状态有不同的特征。

1. 父性（CP）

父性指的是引导与锻炼他人的严苛之心。人在父性的心理状态下，喜欢发号施令或鼓舞勉励，督促他人工作，甚至用惩罚的手段以达到对他人严格要求、锻炼他人的目的。

2. 母性（NP）

母性指的是和善地包容他人的温柔之心。人在母性的心理状态下，会对他人的境况感同身受，会对他人的过错给予宽慰和体谅，为他人的身心着想，无论对方的品质如何都愿意一并接纳和容忍。

3. 现实性（A）

现实性指的是促进人适应社会的现实之心。人在现实性的心理状态下，能准确把握眼前的状况，基于客观信息而冷静判断，试图找出处理现状的有效方案。

4. 奔放性（FC）

奔放性指的是不被世事束缚的自由之心。人在奔放性的心理状态下，心灵纯朴无邪、表里如一，万事随心而动、随性而为，天真烂漫、朝气蓬勃。

5. 适应性（AC）

适应性指的是安分老实的顺从之心。人在适应性的心理状态下，对别人言听计从，惯于仰人鼻息，臣服于权威或命令，总是为迎合他人而压抑自己的意见或感情，虽能与人合作共事，却显得消极被动。

▌表露在人际关系中的自我性格特征

自我状态量表就是把上述5种自我心理状态图表化，显示各心理状态强弱的量表。这5种心理状态之间的强弱差能显示出个体在人际关系中表露出来的心理特征。

制作自我状态量表时，首先要用长柱表示该个体在人际关系中最突出的心理状态，用短柱表示最不突出的心理状态。其次，以这两个柱形的高低为标准，比较剩下3个心理状态的强弱后决定各自的柱形高低。最后得到的5个心理状态的柱形高低就显示出了该个体的性格特征。

人际关系不仅要有本人，还要有他人参与才能成立。因此，了解他人的自我状态量表模式，有助于保持良好的人际关系。同描绘自己的自我心理状态一样，我们可以反复回想对方的情况，用柱状图表示出其心理特征。

下面是杜谢制作的自我状态量表的典型性格模式案例，在此供读者理解和使用。

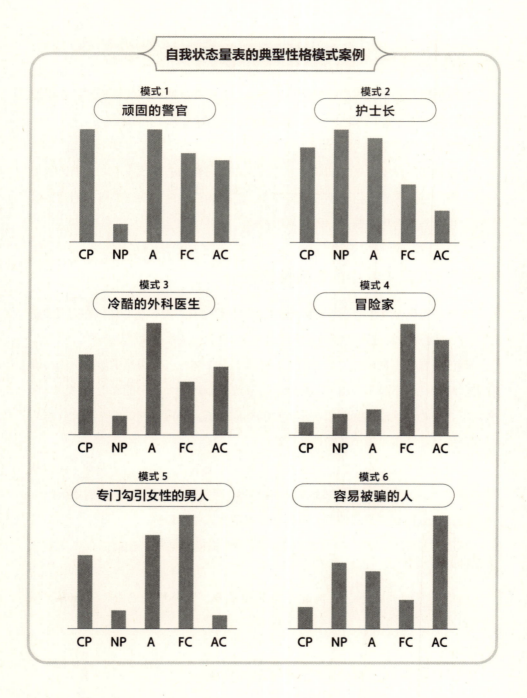

自我状态量表的典型性格模式案例

模式 1
顽固的警官
CP NP A FC AC

模式 2
护士长
CP NP A FC AC

模式 3
冷酷的外科医生
CP NP A FC AC

模式 4
冒险家
CP NP A FC AC

模式 5
专门勾引女性的男人
CP NP A FC AC

模式 6
容易被骗的人
CP NP A FC AC

有幽默感的人到哪里都受欢迎吗

● 沟通能力的 6 大要素

> **Q** 在少年时期，一说起"沟通能力"，我就认为它是指一个人逗笑别人的能力。我原本感觉自己的沟通能力还不错，现在居然被领导说"沟通能力不足"。这就让我有点黔驴技穷了。要提高沟通能力，该注意哪些方面呢？

很多职场人深深地感到学生生活与职场环境所要求的沟通能力大相径庭。

一些不善于交际的人在学生时代常常屈居于那些口齿伶俐、口若悬河的人之下。但他们在步入职场后，因为能充分理解他人、精准地应对问题而备受信赖、广受好评。而一些在学生时代因口才好被众星捧月的人在进入职场后，却泯然众人。他们常常被批评不会倾听他人心声，缺乏共情能力。

从字面上看，每个人对沟通能力都有不同的解读。接下来我将讲解什么是真正的沟通能力，以及掌握沟通能力需要磨炼怎样的技能。

▌沟通能力由 6 个要素构成

我制作了一个用于分析沟通能力的测试表。这个测试表由以下 6 个要素构成。

1. 社交性

社交性是指不怕接触陌生人，能得体恰当地聊天。

社交性差的人的烦恼根源在于不知道如何跟他人闲聊。一般情况下，口头表达需要传递的信息、需要说明的事项等对他们来说没有问题。问题是当这些全部说完之后，他们就再也想不出能说什么了。其实对他们来说，学习如何变得口若悬河不是关键，关键在于如何掌握倾听能力。

2. 自我展示性

自我展示性是指没有过度的戒备心，能坦诚地表现自己。

自我展示性低的人往往对自己不自信，有强烈的焦虑感，无法信任他人。这类不能展示自我的人会让他人感到有心理距离，很难与其建立亲密关系。反过来说，自我展示性高的人能用自己的坦诚率直博得好感，但是万事不能过度——彼此之间关系一般却谈论太多私事的人会被认为情绪控制力低。

3. 自我主张力

自我主张力是指能条理清晰地表达自己的观点并以此说服他人。

说服性沟通的目的是让对方理解自己真正的意思。为此，不能把话一股脑地全倒出来，而是要化繁为简、深入浅出。说得太多，就显得太复杂、不好理解，还会被对方误解为自我标榜而招致反感。沟通一定要保证有互动，不能一味地谈论自我，也要倾听和理解他人，要掌握说和听的平衡。

4. 情感表现力

情感表现力是指能巧妙地表达自我情感以感染对方。

有些人虽然说话有理有据，但很难说服对方，原因多是他们的情感表现力差。

如果一旦与别人意见相左，或是觉得自己说多了，应该马上来一句"对不起，刚刚说的话有点过分"，对方的情绪就会缓和。只有他人愿意倾听自己，自己有理有据的意见才能被人接受。如果对方在情绪上就很排斥，你再怎么有理有据，对方也听不进去。

5. 理解他人的能力

理解他人的能力是指能关心周遭，体谅他人心情，揣测他人心思。

身处现代社会，每个人都忙得身心俱疲、无暇旁顾，生活工作中多多少少带着些许孤独和寂寞。人们强烈渴望的是一个能关心自己、理解自己的人。这样的人相处起来会令人觉得很安心、很舒服。

6. 倾听性

倾听性是指能认真耐心地倾听他人，引导他人吐露内心。

如今，人们在平日的沟通中总是会用一些搞笑轻松的段子来活跃气氛，而心理咨询正在全社会流行起来。其背后的原因是，彼此之间能认真倾诉、倾听的人际关系变得很难建立。在这样一个时代，很多人渴望的是一个优秀的倾听者。能默默地认真倾听他人心声的人也是相处起来让人安心舒服的人。

磨炼真正的沟通能力

从我做的一些调查中，我发现：很多沟通能力强的人积极经历较多，特别是有关人际关系方面的积极经历。

在私底下，沟通能力越强的人，越容易获得亲密人际关系的积极影响；在工作上，沟通能力越强的人，越能与同事或商务伙伴建立友好、互信的人际关系。

通过上面 6 大要素的内容，你会发现沟通能力并非什么逗笑他人的能力。即使不善于社交的人、说话不流畅的人也可以妥善利用这 6 要素去提高他们整体的沟通能力。也就是说，要提高真正的沟通能力，就要有意识地掌握这 6 方面的能力。

自我
展示性

社交性

自我
主张力

沟通能力的
6 大要素

倾听性

情感表现力

理解他人的
能力

沟通能力中，这 6 大能力越强——

越容易获得积极经历，
尤其是在人际关系方面的积极经历

私底下：容易获得亲密人际关系的积极影响

工作上：能与同事或商务伙伴建立友好、互信的关系

为什么只靠讲道理解决不了沟通问题

● 情感性沟通

Q 我给下属布置工作时讲话条理清晰、逻辑分明，但是总觉得他并没有理解到位，我们之间一直存在沟通鸿沟。请问我应该怎么做才能改善这种沟通问题呢？

逻辑性的沟通技能在工作上备受重视，企业也常常举办有关逻辑思维或逻辑沟通的培训。这是因为在实际工作中，有很多人不擅长逻辑思考，无法在脑中将自己的想法梳理清楚。如果我们与这些不善于逻辑思考的人做不好沟通，就无法顺利推进实际工作。

有的人是听不懂在逻辑上一清二楚的结果，有的人是即使听懂了，也在感情上不愿接受，会下意识地反驳，对于这些人，我们讲多少道理也无济于事，说得越多，他们越反感。

这时候就该情感性沟通登场了。

▍只靠逻辑无法解决问题

当你把事情在逻辑上讲得一清二楚，但对方还是一脸茫然时，你可能会不耐烦地想"这人的脑子里面装的是什么东西"。其实你自己十有八九也有过同样的经历——明知道对方说得很对，可自己就是不愿接受，或是对方的一针见血让你不由得恼羞成怒。

假设在开会时，你提出了某一方案，有人质疑该方案中有些地方存在风险，而你也察觉确实如此。如果质疑的人跟你关系比较好，你可能坦率地承认自己考虑不周，做出让步性的回复。但如果质疑的人平常总让你反感，你可能会不肯低头，而是拼命找理由去狠狠地反驳他。

再假设你感觉领导提出的业务要求过高。如果你和领导平时很合得来，你可能会想"这个目标太有分量了，虽然有点难度，但先拼一拼吧"。你会鼓起勇气，迎难而上。但如果你与领导合不来，你一听这个目标，可能就觉得"又是领导拍脑袋瞎定的目标，这怎么可能完成呢"。之后，你只会不情不愿地开始干活，对工作并没有太上心，结果很可能是达不到目标。

人不是机器，不是靠逻辑就能操控的。按逻辑走并无不可，但也不能忽视人的感情。问题也不是只靠逻辑就能解决的。你愿不愿意接受对方的逻辑，要看你自己的感情。如果你不愿意接受，你一定会找出强硬的理由反驳对方。

因此，沟通要讲感情。

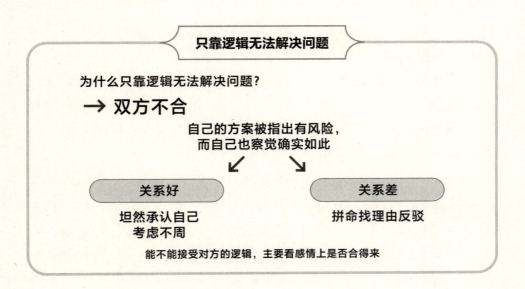

▌工具性沟通和情感性沟通

在此，让我们思考一下沟通的功能。

沟通有传递信息的功能，这种功能称为工具性功能，而交换信息称为工具性沟通。沟通还有传递、交换感情的功能，这种功能称为情感性功能，而交流感情称为情感性沟通。比如，利用电话或短信等传递必要的联络事项就是工具性沟通，交流情绪和感觉就是情感性沟通。

工具性沟通是用于传达事项或交换意见的，而情感性沟通是用于联系感情或维持情绪稳定的。

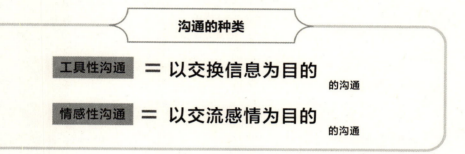

▌先对接感情

无论是公司里的同事还是客户公司的负责人，对于工作上必须协同作战的人，最重要的是在平时就能顺利地与其进行情感性沟通，相互之间能合得来，聊得愉快。想要顺利地开展工作，就不能忽视平时的情感性沟通。

以前人们常有的下班小聚现在越来越少。而上班时，每个人又总是紧盯着电脑屏幕，埋头工作，公司里同事间相互交流、闲聊的情景不再常见。虽然为做好本职工作而拼命努力确实会提高我们的工作效率，但是与此同时，越来越多的人逐渐丧失用三言两语就能联络感情的机会。长此以往，职场会变成心灵上的蛮荒之地。因此，如今我们更要在平时有意识地多做情感性沟通。

我们要牢记人并不是机器，不能只靠逻辑去操控，要注意感情方面的沟通和交流。即便是只言片语，也能起到维系彼此感情的作用。

厚颜无耻的人是什么心理

● 自我监控

> **Q** 我身边有同事常常神情自若地说出一些厚脸皮的话，还嫉妒别人的成果，挖苦讽刺别人，总做一些丢人的事情还不以为意。我真是无法理解为什么他能如此云淡风轻地干坏事。请问这种人脑子里究竟是什么心理机制在起作用？

我们身边有些人总能说出一些在我们听来完全不可理喻的话，做出完全不可理喻的行为。

有人告诉我，他有很多次对同事的厚脸皮感到无语。他说："每当领导交代这个人什么工作，只要是他觉得对考核没用、看起来像杂活的事，领导一离开就立刻丢给新人。更坏的是，等到汇报工作时，本来是新人做出的成绩，他偏偏说得仿佛自己的功劳最大。大家都心知肚明，他居然能做出这种事，真是不可理喻！"

有的人虽然不是厚脸皮，但是说话做事显得特别不体面，让人瞠目结舌。有人告诉我，他曾经有个同事特别嫉妒别人的成绩，还堂而皇之地嘲讽挖苦别人，让他听了火冒三丈。他说："有一次，我的业绩远超过目标，领导当众表扬了我一番。他在旁边挖苦我说，'你也就是运气好，碰到个好地段了呗'。他这么说话也不是一次两次了。前几天也是，另外一个同事做出了成果，大家都忙着祝贺他。这个人也是在旁边怪声怪气地来一句'真是太阳打西边出来了'。场面一度尴尬极了。他怎么这么喜欢阴阳怪气地说风凉话呢？"

上面所说的这几种人不在少数。那么，他们为什么能有这样的态度呢？

监督自我言行的监控器是否起作用

之所以有人会像上面案例中的人一样，说出那么厚脸皮的话，做出那么丢人的事，让周遭的人瞠目结舌，而自己却能神情自若、不以为意，是因为这些人不关心周围的人会怎么看自己。假如他们在意周遭的眼光，就肯定不会做出各种出洋相的事。

一般来说，人会根据周围的反应不断地调整自己的言行举止，逐步控制、减少不适宜的话语和行为。

为了说明能调节自我言行的人和不能调节自我言行的人的区别，心理学家马克·斯奈德（Mark Snyder）提出了自我监控的概念。

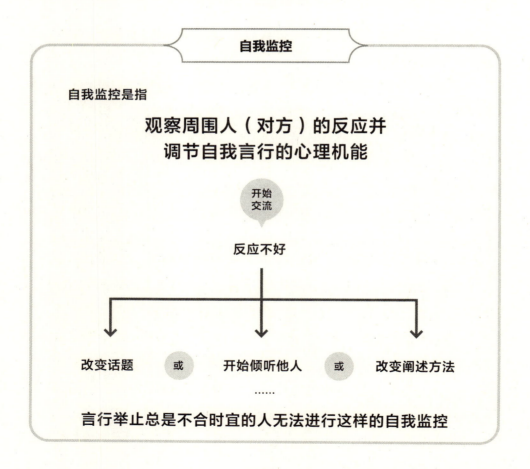

自我监控指的是观察周围人（对方）反应并调节自我言行的活动。

大多数人在日常生活中会无意识地进行自我监控。表达者看到对方露出厌恶的表情，就判断"这个话题不好"，立刻转换话题；发现周围人反应冷淡，就判断"自己刚刚说的话有点乏味无趣"，于是停止说话，倾听他人；看出对方好像听不懂自己的解释，就判断"这种解释方法比较晦涩"，于是考虑其他解释方法。

换句话说，一个人内心的"监控器"既能知道自己是怎么说话、怎么做事的，又能看到对方或周围人对这些言行的反应，在此基础上再对自己的言行进行调节。

自我监控正常的人和自我监控过度的人

每个人都有这种"监控器"，只是有人的"监控器"在正常运作，而有人的"监控器"则运作不良。

自我监控正常的人能观察面前人、周围人的反应，同时调节自我言行。这样的人很在意别人怎么看自己，不间断地检查自己的言行是否恰当。因此，这类人在和别人打交道时，会留意监控界面中的自己、对方以及周遭的环境。

实际上，我们在和他人见面之前，内心的监控器就已经开启。我们会一边想象着对方会怎么看自己，一边调节自己将要采取的言行举止。我们会在心里不断地问自己"这么说会不会被别人看成厚脸皮""别人会不会对这个没兴趣""那样说可能会伤害别人的感情吧"等，想象着对方的反应，努力改善自己表达的内容和方式。

正常的自我监控能让人很好地融入集体，适应社会，和同事、客户顺利地打交道。而过度的自我监控会造成问题，过分在意别人的眼光、压抑内心会导致自己表达生硬、举止局促，产生精神压力。

自我监控能力弱的人

自我监控能力弱的人并不在意别人怎么看自己，也不关心自己的行为举止是否适宜。因为他们不怎么监控自己的行为，所以他们会不以为意地出现不合时宜的甚至是伤害他人的任性言论和行为。这样的人看不见他人的质疑，想到什么说什么，想说什么说什么，活在自己的世界中。

不同的自我监控

自我监控器能正常地工作

容易融入集体，容易适应社会
能顺利地与同事、客户等打交道

自我监控效果过大

过分介意别人怎么看自己
言行举止不自在，容易有压力

自我监控器不能正常工作

出现不合时宜的言行举止
对周围人的质疑毫不自知

那些会说厚脸皮的话、让他人目瞪口呆的人，以及那些会随随便便地挖苦嘲讽他人、被他人敬而远之的人都缺乏自我监控的习惯。别人虽然对他们的无耻和卑鄙感到吃惊和反感，但是又不想当面挑明指出问题，不愿意把关系闹僵，导致他们本人更不会认识到自身的言行失常，继续不以为意地出洋相。

为什么有些人总会觉得自己是受害者

● 敌意归因偏差

> **Q** 同部门有个特别烦人的同事很让我头疼。他特别有攻击性，我好好地跟他说话，他却激烈地反驳，一副非得争个你死我活的样子。我去关心他，他也立刻出言不逊，真让我为难。他为什么会这样呢？我如何才能和他正常打交道？希望您能给我点建议。

每个公司都有麻烦的人，尤其是那种攻击性强的人更是难应付。

对同事有竞争心是可以理解的，但也有人感叹，既然彼此都是职场上的战友，何必如此咄咄逼人。那些态度不友好的人似乎特别容易对同伴疑神疑鬼。

有人告诉我，有一次他关心某个同事，却遭到对方的强烈攻击，令他一时哑口无言。他说："这个人动不动就攻击别人，大家平时对他就比较反感。但前几天，我正准备下班时，看见他在紧张地加班做表，就说了一句'辛苦了，加油'，结果他带着攻击性口吻说，'你不就是想说自己做得多轻松吗！'我原本只是想鼓励鼓励他，他居然那么说。我真不知道怎么跟他好好说话。"

在场的另一个人听了这番话，也接着抱怨了一番："我的公司也有类似的人。他有个工作正好以前我做过，再加上我了解其中的小窍门，我就顺便告诉了他，结果换来他一句'你就拿这个来朝我炫耀呢？我自己不会想啊'。就算他有自己的做法，也不该用这种口气跟我说吧，连句谢谢都没有。我真是再也不要跟这种人说话了！"

很多人反感这些说话总是夹枪带棒的人。其实，如果我们能理解这类人为什么会出现这种反应，就不至于烦恼，还能找到和他们打交道的好方法。

认知扭曲产生异常攻击性反应

如果我们观察那些动不动就有攻击性反应的人，就会发现他们能从别人普通的言行举止中臆想出恶意，进而勃然大怒。很多时候，我们能从他们的反应中感觉到认知扭曲。

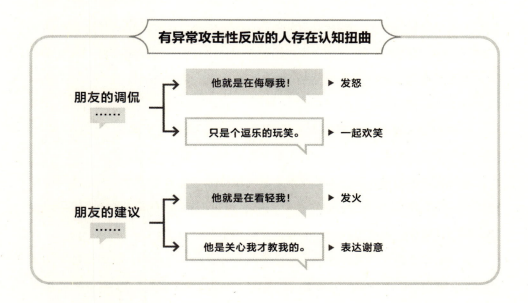

从上面的事例中，我们可以看出他们会反驳他人鼓励的话语，反驳他人关切的建议，而这一切都源于误解对方意图的扭曲认知。

分析认知扭曲时，最关键的是了解一个人对他人言行的解读方式。比如，当朋友笑自己时，有的人将此解读为"被侮辱了"而勃然大怒，也有的人将此解读为"开玩笑而已"，一笑了之。一个人对他人言行的解读不同，之后的反应就会大不同。动不动就有攻击性反应的人，其敌意很有可能就是来自消极的解读，而这种解读的背后是将各种言行都视为恶意之举的扭曲认知。

心理学家拉尔夫·斯托格迪尔（Ralph Stogdill）和克雷格·安德森（Craig Anderson）用实验证明了具有攻击性人格的人存在将模糊言行解释为敌意行为的强烈倾向。这种认知扭曲被称为敌意归因偏差，也就是将他人言行归因于敌意的扭曲认知倾向。在感到他人的敌意行为时，越是有敌意归因偏差的人，越容易对他人产生报复心理，进而出现攻击性言行。

▌"我才是受害者"

动不动就有攻击性反应的人，其认知是明显扭曲的。当有人笑自己时，如果解释为"他跟我关系好，跟我开玩笑呢"，就会产生友好的反应，而如果解释为"他就是把我当傻子看"，就会产生攻击性反应。当有人给自己建议时，如果解释为"他是关心我才教我的"，就会产生友好的反应，而如果解释为"他一定觉得我连这个都不懂，肯定正鄙视我呢"，就会产生攻击性反应。

这种对他人意图的解释基本上是瞬间完成的，也就是大脑在下意识中进行的。换句话说，出现攻击性反应的人是真心认为别人把自己当傻子。

虽然在我们看来，这些人在理解上是大错特错，我们把他们当作不可理喻的麻烦精，他们却认为自己才是受害者。因此，即便我们向他们解释我们的真心，也会被当作借口，白费力气。

要与这类人和平共处，关键不是试图改变对方的思维方式，而是要改变自己的情绪。这类人的内心总是潜藏着"我是不是又被人看不起了""别人是不是又拿我当傻子了"的想法。他们几乎没有任何自信，总是抱着怕别人看轻的不安感。

还有些人稍微有点什么事情，就立即大闹大叫："这是职权骚扰①！"很多时候，这也是不自信和不安感导致的敌意归因偏差所致。

我们不带任何敌意和恶意、出于关心的话换来的却是对方强硬的反驳，这确实让人目瞪口呆，甚至火冒三丈。但如果我们理解其背后的心理机制，心情就会稍稍平和一点，能更为从容地应对。

如果以后我们面对这样的人，不再像从前那么厌恶排斥，而是同情地想到"他们是因为不够自信才会这么躁动不安的"，那么我们也许就会逐渐平息心中的怒火，并更加冷静地与他们相处下去。

---

① 凭借自身的职场优势，侵犯他人正当权益或恶化职场环境的行为。——编者注

那些蛮横霸道的领导的
深层心理是什么

● 挫折－攻击假说

> Q 本来公司里有人的攻击倾向非常强烈，就已经很让我头疼，偏偏他
> 还是我的直属领导，这让我每天过得都很煎熬。他动不动就说一些
> 让人着急上火的话，虽然我会拼命压制自己的怒火，但还是担心说不定什
> 么时候自己就爆发了。一想到得继续在那种人手下忍气吞声地干活，我就不
> 想上班了。请问我该怎么办才好呢？

如果公司里面有攻击性非常强的人，我们就会时常感觉非常焦躁，更不要说
这个人就是自己的领导了——那真是躲也躲不开，堪称压力本源。面对不仅说话
刻薄，而且动不动就大吼大叫、蛮横无理的领导，我们往往会随他着急上火，不
得不拼命克制自己的怒气。

身处这样的境地时，首先，我们要理解对方的心理机制。无论领导再怎么不
讲理，一旦我们了解他冲动生气的原因，就能比较宽容地看待他的言行。

其次，我们要关注自己容易焦躁不安的心理。其他同事会不会都比较平静地
在这位领导手下工作，只有自己特别生气呢？若是如此，我们就要学会调整自己
的生活或心理状态，让自己心态平和起来。

▌因受挫而变得有攻击性

心理学家约翰·多拉德（John Dollard）等人提出的挫折－攻击假说，有助

于我们理解有强烈攻击性的人的心理机制。

多拉德等人为证实爱抽烟的人是否会因为抽不到烟而具有攻击性，曾进行过一个实验。在实验用的房间中，设有一面单面镜。镜子的一侧是扮演学生的人（配合实验的人），而受试者作为教师在镜子的另一侧给"学生"出题。如果"学生"回答错误，受试者就必须转动旋钮，电击"学生"。不过，因为电击他人是违背伦理道德的，因此，其实当受试者转动旋钮时，并不会产生电流，只是扮演学生的人会装作自己被电击，假装很痛苦。

实验中设置了休息环节，但这期间禁止抽烟。爱抽烟的人因此处于需要得不到满足的受挫状态。休息后，实验继续。通过分析受试者在休息前后对学生施加电击的情况，多拉德等人发现不爱抽烟的人在休息前后电击量并没有变化，而爱抽烟的人在休息后电击量增加了，这其实就是攻击冲动升高的证明。禁烟导致的抽烟需要受挫提升了爱抽烟的人的攻击冲动，他们以增加电击量的形式加强了攻击行为。

美国洛杉矶高速路上曾出现过这样的枪击事件：炎炎夏日，因堵车而情绪焦躁的人群中有几个人忽然开始相互开枪。美国枪击案频发的背后，往往有某些需要受挫的心理原因。而据相关报告称，在表现出家暴等攻击行为的群体中，有过1年失业经历的人要比没失业的人多6倍，而其暴力行为很可能是由失业带来的受挫心理引发的。

职场中，受到领导蛮横无理的训斥后，有的人回到工位上时会把手中的文件夹狠狠地摔在桌子上，或者使劲踢脚边的抽屉等，这都是受挫的表现。

蛮横的领导也会受挫

我们可以基于这种挫折－攻击假说，推测出蛮横无理的领导也可能有受挫经历。

如果你的领导刚刚被更高一级的领导叫过去，他回到办公室后就把你喊了过去，然后给你一顿训斥和牢骚，那他肯定是被更高一级的领导批评了，心里憋着一股气没处撒。可能是他拿不出更高一级的领导要求的部门业绩，心理受挫，也可能是他熬了多年却总也升不上去，心里感到不满，或是自己在家庭里没什么地位等。

换句话说，一个处于管理地位的人可能在某些方面不得志或不走运，在心理上受挫，这才变成了一个坏脾气、惹人厌的领导。可能他原本并不是这种人。

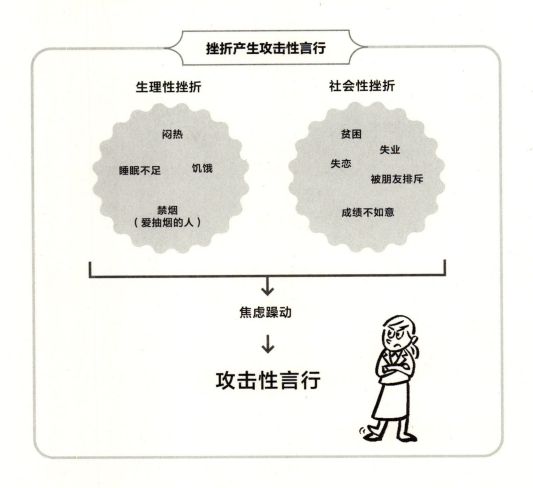

虽然我们无法确知别人的事情，但一想到那么蛮不讲理的领导也会因心理受挫而倍感折磨，有时候还乱闹乱叫，我们可能就可以稍稍按捺住自己刚刚因被找碴而快要爆发的怒火。

▎关注自己的受挫心理

不仅是领导，我们自己也会因为需要得不到满足而容易出现冲动的攻击性言行或焦虑情绪。

如果你发现最近自己很容易焦躁，原本能控制的情绪逐渐开始失控、接近爆发，那很有可能是近期你自身的心理状况比较糟糕。我建议你好好审视一下自己，找到自己是哪些需要没有得到满足，想想如何处理。

当你不知道自己为什么心理受挫时，可以先想办法释放一下精神压力。比如，找一些高兴的事情做，唱歌、打球、看比赛、去喜欢的酒吧喝一杯、找交心的朋友吃个饭或聊聊天等。一般来说，这些活动虽然不能消解焦虑情绪，但至少能避免情绪失控到爆发。

如何对待特别消沉的人

● 复原力

> Q　我们公司里有员工，我稍微提醒他注意某些问题，他就显得非常沮丧消沉，好像完全无力继续工作，甚至从第二天就开始请假不上班，太让我头疼了。以前根本不会造成问题的说话方式，一到他那儿，他就一脸沮丧，我甚至怀疑别人会认为他被我利用职权骚扰了。我真不知道该怎么对待他。现在这样的年轻人越来越多，请问他们到底有怎样的感受性？

很多企业管理者常常说公司里的很多年轻人偶然被说一下就反应过度，不是消沉沮丧就是大嚷反驳。他们感叹在以前很普通的批评现在居然会遭到年轻人的反对，被控诉成职权骚扰，领导甚至连他们工作上的错误都不能直接点出来。这样下去，领导还怎么锻炼年轻人，让他们变成公司的生力军。

有位老板这样感慨他的窘境："每个人在业务不精时肯定都会有差错。每次被人指摘后就再加把劲，努力改善才会越来越好。但是，现在的年轻员工内心脆弱，稍微提醒他们去注意一些问题，他们就灰心丧气，不愿继续工作，甚至从第二天开始就请假不上班。我真不知道该怎么培养他们，真头疼。"

既想要培养好员工又想独善其身的管理者不在少数，比如讲出下面心理矛盾的人。"我之前指导过一位做事总不得要领的新人，还把自己的小诀窍传授给他。结果，他居然一脸恼怒，好像被人全盘否定似的突然大哭起来。我吓了一跳。万一被不了解原委的人看见了，还以为我在职权骚扰呢。我真拿他没办法。身边也有人劝我，现在这个时代谁还会想去培养员工，反正就是一个劲地表扬就够了，多表扬对大家都好嘛，要不然可够自己喝一壶呢。可是，这样做的人绝不是什么负责的领导。到底该怎么巧妙地去引导年轻员工注意到问题呢？这个问题让我天天发愁。"

如今内心脆弱的人越来越多，这到底是怎么回事？

▌受挫消沉也能重新振作的力量

为什么前面提到的年轻人被他人稍微指摘一下就突然变得极其消沉沮丧呢？遇到好事兴高采烈，遇到坏事灰心丧气，这是人之常情，但是上述案例中年轻人的表现确实有点极端。

一般人碰到坏事，心中的缓冲垫会降低其冲击力，让自己不至于太过沮丧。但是，特别容易受伤的人内心没有什么缓冲垫，坏事的直接冲击非常容易让他们消沉，甚至一蹶不振。

我们称这样的人复原力弱。最早提出"复原力"这一概念的人，用 resilience 一词作为其术语。resilience 原本是指物理上的弹力，在心理学上用于表示恢复力、重新振作的力量。具体来说，复原力就是指个体在强压环境中保持身心健康、降低压力的消极影响，以及在短期的负面经历后立刻复原、重新振作的能力。

被领导、前辈或客户指出工作失误或批评斥责，换作谁都会苦恼；连新手都能完成的指标，自己拼命努力却还是不能完成，换作谁都会郁闷；周围的同事个个都拿出了成果，只有自己还是没什么成绩，换作谁都会消沉。这时候就要看看自己有没有复原力。

复原力弱的人无法忍受糟糕的状况，而且很难摆脱消沉沮丧的情绪。在这种时候，他们常常会说"我崩溃了"。复原力强的人即便四面楚歌、山穷水尽，也只是暂时烦恼郁闷，绝不会崩溃，一定会重整旗鼓、奋发向前。

▌复原力弱的年轻人

如今很多年轻人会因为一丁点小事而崩溃，教育界因此开始关注复原力的培养。

很多年轻人在表扬和赞美中长大，基本上没有被批评过，因此他们对批评训斥很排斥。表扬和赞美让他们一直处于积极乐观的心理状态，而不善于对付消极环境。

学生时代的他们是掏钱买服务的"上帝"，进入职场后，他们的角色颠倒，变成了收钱一方，不再被当作至高的服务对象。而且，他们在熟悉业务阶段挨批评的次数难免要比受表扬的次数多。于是，这些以前多被表扬、少挨批评的人因为没有磨炼出自身的复原力，进入职场后犯点小错就极其消沉，甚至还会崩溃。

如果我们身边有个这么脆弱的人，我们也只能打住想说的话，不得不小心翼翼地和他相处，以免使他消沉沮丧。如果工作忙得自顾不暇时，还得抽出时间照顾他的小情绪，恐怕换作谁心里都不舒服。而他本人确实也很难受，我们要理解他的心理机制再与他相处，最好能用温和的口吻与他聊天。因为他内心没有缓冲垫，我们要试着多做铺垫，降低挫折对他的冲击。

复原力研究源于对应付逆境能力强的人和应付逆境能力弱的人之间差别的探索。很多关于复原力的研究所得的结论总结起来就是：复原力强的人身上具有下列特征。如果你认为自己可能是复原力弱的人，可以多多留意，在这些特征上下功夫。

复原力强的特征

1 相信自己，决不放弃

2 坚信只要克服困难、度过危机，就一定能迎来转机

3 不感情用事，冷静客观地观察周围环境

4 有迎难而上的意志

5 即使遭遇失败，也会将其当作后事之师

6 能在平凡的日常中感受生活的意义

7 接纳青涩但努力奋进的自己

8 信任他人，能与人建立信赖关系

一说话就紧张是怎么回事

● 社交焦虑

> **Q** 即使面对初次见面的人，有的人说起话来也一点不紧张，反而能侃侃而谈，马上与他人打成一片。但是我和别人说话时，心里会非常紧张。可能周围的人不理解，但我心里总是七上八下，总是担心自己能不能坦诚交流，会不会惹别人不高兴等。请问我是不是有什么问题？怎么才能把我这些毛病治好呢？

　　学生时代，我们可以只选择和志趣相投的人来往，但工作以后这种凭喜好进行人际交往的方式是行不通的。工作中，我们会遇到各种各样的人，有合得来的，也有合不来的，不可能全部都"对胃口"。我们难免会碰到不知底细或是难以应付的人，不得不小心谨慎地跟他们打交道。除此之外，我们有时候还要接待客户等不熟悉的人。

　　对不擅交际的人而言，工作上的人际关系问题会造成很大精神压力，他们尤其羡慕和谁都能打成一片的社交达人。但是在那些八面玲珑、风趣幽默的社交达人心中，也并不是没有人际方面的烦恼。

　　在社交场合出现的焦虑情绪称为社交焦虑，很多日本人有社交焦虑问题。接下来，让我们来分析一下社交焦虑的根源。

▌"最怕场面安静下来"

　　心理学家巴里·施伦克尔（Barry Schlenker）和马克·利里（Mark Leary）

将社交焦虑定义为在实际或想象的社交场合中，因他人对自我的评价或想象中他人对自我的评价而产生的焦虑。如果一个人在与他人见面或是即将见面之前非常在意他人对自己的感觉和看法，心中焦虑不安，那么这个人就有社交焦虑。

我们身边有很多人面对初次见面的人，会紧张、焦虑得身心俱疲，与工作上的同事和客户也无法像与他们的亲密朋友那样坦诚交流，平时也是小心翼翼的，身心压力很大。

这类人常常会说"最怕场面安静下来"，其实，他们也能热情打招呼、与他人寒暄，把该传达的工作情况都转达给对方。但是，在说完该说的内容之后，接下来他们心中就有个声音开始此起彼伏地叫着"我接下来该说什么好""我必须说点什么才行"。但他们的大脑一片空白，丝毫不知怎么张口。现场的沉默像巨石一样压在他们的心头，折磨着想要打破沉默却无从开口的他们。

其实，这样的人并非走上工作岗位才突然产生社交焦虑的。这些人在学生时代，甚至在孩童时期，面对初次见面的或是不怎么亲密的朋友，心中就总会忐忑不安地想着"我应该说点什么呢""要是说错话就糟了""他对我的印象好不好呢"。不仅如此，即使是和自己的好朋友在一起，他们也时常感到不安，怕朋友和自己在一起不快乐，怕朋友厌烦自己。

人们之所以会说"欧美人讲工作，日本人看职场"，就是因为在日本社会，转岗跳槽的动机中有很大一部分源于人际关系问题。这也说明日本人非常看重人际关系，因此日本人出现社交焦虑的概率也比较高。

▍强颜欢笑的自己

会出现社交焦虑的不仅仅是矜持、不善言辞的人。那些在聚会中总是兴高采烈、活跃气氛的人，有一部分其实是提着劲、强打起精神来活跃气氛的。他们拼命地调动情绪，想要融入其中，让每个人都认可自己。

太宰治的作品无论在哪个时期都引起众多年轻人的共鸣，这也许是因为主人公的社交焦虑令年轻读者产生了强烈的同感，毕竟年轻人初入社会，不懂人情世故，对人际问题还十分在意。但退一步来看，与主人公同病相怜的不仅仅是年轻人，因此太宰治的作品也深深地打动了众多不同年龄段的人。

下面是太宰治《人间失格》作品中的一段话。[①] 这段话被认为是体现了作者内心的自传性描述。

强颜欢笑的人的心理

我与别人无从交谈，该说什么，该怎么说，我都不知道。

在此，我想到了一个招数，那就是扮演滑稽的角色来逗笑别人。

这是我对人类最后的求爱。尽管我对人类满腹恐惧，却怎么也没法对人类死心。并且，我依靠逗笑这一根细线保持住了与人类的一丝联系。表面上我不断地强装笑脸，可内心里却是对人类拼死拼活的服务、汗流浃背的服务。

——太宰治
《人间失格》

① 译文基本引自万卷出版公司 2010 年 1 月出版的《人间失格》，译者为李欣欣和游绣月。——译者注

《人间失格》中，用逗趣搞笑来融入集体的主人公不久就成了班级的人气王。他拼命地发挥"为人服务"的精神，避免让面前的人尴尬，同时惧怕对方看穿自己的本性。之后，他甚至拼死追求对方的认可，以至于再也说不出真心话了。

相信很多人读完这段话不会感到自己没什么社交焦虑问题。而当我们能认识到社交焦虑并非不正常时，就会或多或少地减轻一些焦虑感。

● 发现社交焦虑的优点

大多数人往往会认为社交焦虑一定不是什么好事，其实不然。如今旅日外国人数量激增，一些外国人大模大样、旁若无人的言行举止让我们在目瞪口呆、面面相觑的同时，也让我们意识到日本人容易顾虑他人的心理特征。

有社交焦虑的人因为介意别人的眼光，做事会顾虑他人的感受。

美国的一个心理学研究发现：社交焦虑感强的人会小心谨慎地顾及身边的人，友好礼貌地待人接物，耐心细致地与人打交道，因此他们能顺利地进行人际交往。此外也有研究证明，社交焦虑感强的人对他人的感情有更强的同理心或共鸣感。

因此，社交焦虑并非一无是处，我们不能因为自己有社交焦虑就全盘否定自己。

自以为是"天选之子"的人是怎么想的

● 自恋型人格障碍

> **Q** 我身边有同事总是不以为意地抢别人的功劳，甚至一点也不害臊地自我推销，真是烦透了！这种事也能做得出来，真让人目瞪口呆！尤其让我讨厌的是，一旦有人取得了什么成绩，他马上摆出一副厌恶的表情说风凉话。但是，领导居然没有看穿他，甚至还夸奖他很靠谱。我听了非常受不了，自己的工作积极性也严重下降。请问难道每个公司都有这种人吗？

　　我想，每个公司都有一些令人讨厌、高调推销自我的同事，甚至有些人还会做出欺骗等出格行径。下面是某人抱怨自己公司一个同事的话。这个同事行径卑劣，好像让别人栽跟头就等于让自己更上一层楼一样。

　　"自我宣传根本不能信以为真，简直就是给别人下套。不久前，我的一位前辈被领导批评了。我一打听原因才知道，原来领导让一个人给前辈传个话，结果那人传错话了，导致前辈拿着错的文件找客户，结果当然是尴尬得无法收场。那人看见前辈挨批的样子，居然露出一副讥讽嘲笑的模样。这种事情也不是一次两次了。"

　　还有人朝我倒苦水，说自己看不惯那些厚脸皮地高调宣传自己的人。

　　"之前，公司里有个备受期待的新项目要启动，各个部门要推荐项目成员。我们科长就点名让一个同事去，可站旁边的一个人竟说，'我觉得我比他更适合这个项目，能不能推荐我去？'这脸皮简直有三丈厚。而且科长点名的同事实力比他不知道强多少倍。就算他确实厉害，也不该这么说话吧。"

也有人忍不住向我抱怨他非常反感公司里的某个同事。每当领导夸奖别人签约大单子后，这个同事都是一脸不高兴，还暗地散布谣言，中伤别人，令人作呕。

▌自恋型人格障碍的特征

有人强烈地认为自己绝非平凡之人。当这种观念极端到常人无法理解的地步时，这人就有自恋型人格障碍的嫌疑。自恋型人格障碍指的是有极其强烈的自我意识，并且毫无根据地夸大自己的本领和才干。

其实，很多人心中或多或少都藏着自恋的心思：渴望获得赞美，认为自己身上有很多比别人优秀的地方，自己并非"池中之物"。对每个人来说，自己都是特别的，自己与他人是有明显区别的，自己成功的喜悦感要比祝福他人成功的喜悦感要强烈得多。

但是，如果"我非凡人"这一意识过于极端，甚至到了妄想的地步，就会产生自恋型人格障碍。

当一个人具备多个上述特征时，他可能就有自恋型人格障碍。几乎每个公司都存在符合大部分上述特征的人。这类人强烈地认为自己是天选之子。因此，他们会不以为意地利用他人谋取私利，觉得凭借"特殊身份"就能无所顾忌、为所欲为。

他们心中的优越感是毫无凭据的。他们没有自信心，于是渴望得到他人的赞美，以求消除内心的焦虑。所以，他们对别人的评价非常敏感。如果没有得到期待的认可，他们脆弱的自尊心就会受伤，而他们也会变得具有攻击性。

他们会在别人成功的时候嘲讽挖苦或恶语中伤，这种行为可以说也是由于他们脆弱的自尊心受到了伤害。他们因嫉妒而厌恶受到他人欢迎的人也是出于同样理由。

> **自恋型人格障碍的特征**
>
> 1. 毫无根据的自信　　　　　　2. 强烈认为"我非凡人"
>
> 3. 渴望赞美，得不到赞美就不高兴
>
>
>
> 4. 不以为意地利用他人　　　　5. 缺乏共情力，不关心他人
>
> 6. 嫉妒比自己优秀的人、比自己成功的人、比自己受欢迎的人

▋引火上身的危险

有自恋型人格障碍的人非常自我、极其任性、攻击性强，很难与他人和平共处，而且，他们的认知过于扭曲，听不进别人的劝说。被这样的人盯上，肯定没有什么好事。我们最好敬而远之，以免惹火上身。

有人告诉我，他曾经在下班后常去的一家健身房里认识了一个人。这个人第一次约他吃饭聊天后，就天天约他下班吃饭。据说有人因为这个人再也不去那个健身房了。他每次被约饭都不得不听这个人唠叨糗事或烦恼，但对方明显对他的事情一点都不关心，让他厌烦至极。终于有一天他忍无可忍地拒绝了这个人的邀约，没想到这个人居然散布谣言中伤他，以至于大家看他的眼神也变得怪怪的。他苦恼了一番，决定再也不去那家健身房了。

不去某家健身房换一家就可以，但公司不是说换就能换的。如果在公司碰到那种万事只为自己的人，绝不能深交。因为当你还能满足他的需求时，天下暂且太平，一旦深入来往，他就会逐渐缠上你。而你一旦回避、反感他，马上就会引火烧身。

现实生活中，确实有公司被有自恋型人格障碍的员工把整个职场的人际关系搅和得一塌糊涂。人们不知道自己听到的话哪句是真的，哪句是假的。所有人都疑神疑鬼、草木皆兵。

为了防止引火烧身、自寻烦恼，一旦你在日常来往中感到一丝不对劲，就应立刻与对方保持安全距离，以保护自己的身心健康。

真会拿别人的痛苦当"自己的快乐"吗

● 幸灾乐祸

> **Q** 我身边有个同事对别人的遭遇总是一副看笑话的嘲讽模样。以前，我只在电视剧中看到过这种坏心肠的人，没想到自己居然能在现实生活中碰到这种人。我特别好奇这种人脑子里到底在想什么。您能告诉我他这属于什么心理吗？

一般人对于遭遇不幸的人会不由得生出同情之心，而有些人却会冷笑着丢下一句"活该"。

有人告诉我，他公司有同事听说同部门前辈的升职希望落空了，竟然用嘲弄的语气调侃说："那个前辈，听说他升职泡汤了哟。"他听了心里极其反感。而当同部门的伙伴被告知要调到偏远地区工作，所有人都在鼓励安慰那位唉声叹气的同事时，这个人却满脸笑意地说："喂，我听说你被踢到一个鸟不拉屎的鬼地方喽。"他从别人的不幸中取乐，令周围人极为厌恶。

世界上这种卑鄙可耻的人不在少数。

▌拿他人的不幸取乐的心理

我们身边确实有些人把他人的不幸当香蜜，总是拿别人的遭遇当乐子。

心理学上有一个词——schadenfreude，专指取笑他人不幸遭遇的心理，即幸灾乐祸。

"幸灾乐祸"一词一听就让人反感，这种行为实在是违背道德，谁也不想抱有这种卑劣的想法。然而实际上，一般人虽然不太会讥讽、嘲笑自己亲朋好友的遭遇，但对不怎么相干的人身上的遭遇，却很容易出现这种幸灾乐祸的心理。

从花边新闻、八卦杂志的销量上，我们能明显看出这种心理作用。有些人看到某些名人因丑闻而窘迫不堪或因失言而被声讨的新闻就兴奋不已。为什么人们对八竿子打不着的人的丑闻、失言等倒霉事竟然会兴奋到如此地步呢？

比如，当佐野研二郎设计的作品被选为2020年东京奥运会的会徽之后，有一份公函被寄到了日本奥委会，该公函称："佐野研二郎的会徽设计图与比利时列日剧场的标志相似，这是剽窃。"还要求日本奥委会尽快停止使用该设计。

幸灾乐祸 = 以别人的不幸为乐

**为什么有人会因毫无瓜葛的人的
丑闻而兴高采烈**

↓

幸灾乐祸的心理作用

此次事件爆出了佐野研二郎作品涉嫌抄袭的问题，最后以日本奥委会撤下该作品，不再以其作为官方会徽收场。这期间，互联网上有很多人开始到处搜集佐野研二郎的各种作品，他们接二连三地挑出那些看起来像是有抄袭嫌疑的设计发到网上，说："这个设计和某某作品相似，绝对是抄袭！"

推特上每天有几千条有关类似有抄袭嫌疑的内容，最多的一天甚至超过了1万条。我个人真不明白这种趴在电脑旁拼命挖别人黑历史的人精力从何而来，但毋庸置疑的是屏幕前的他们满心想着对方活该。他们中的一些人极为兴奋地投入这种挖黑历史的活动中，比工作还用心，比上班还投入，甚至内心还会感到愉悦。

可以说，那些因他人丑闻而兴奋的人内心潜藏着幸灾乐祸的心理，而他们将这种心理打着"主持正义"的旗号发泄了出来。

当你超过他时，要特别小心

虽说很多人对他人的丑闻都有点看热闹的心态，但并不是每个人都会时刻幸灾乐祸，用心险恶且有攻击性。就职场人而言，当有同事业绩超过自己或是在比较心理下感到自己过得很惨时，容易产生对他人幸灾乐祸的心理。

心理学研究表明，幸灾乐祸的心理只有在一定条件下才会产生（详情如下）。

- 当他人遭遇不幸的原因在于他人自身时。
- 当他人的遭遇并不是太过悲惨时。
- 当遭遇不幸的人的社会地位较高时。

最后一项尤为重要。当遭遇不幸的人是有钱、有才、有地位的名人，也就是在各个方面都超越自己的人时，人们容易产生嫉妒心理。而嫉妒心理是引起幸灾乐祸心理的主要原因。这里所说的社会地位高的人并不仅限于知名度高的人，还包括在很多地方要比自己优秀的人。比如身边高学历的朋友或同事、备受欢迎的伙伴、同个社交圈内经济宽裕的妈妈朋友[①]、靓丽迷人的朋友或同事等。

当对方与自己年龄相近、性别相同时，我们尤其容易拿对方和自己比较，也更容易出现幸灾乐祸的心理。因此，为避免引火烧身，我们对待职场中的伙伴也要谨言慎行，以免引起嫉妒。

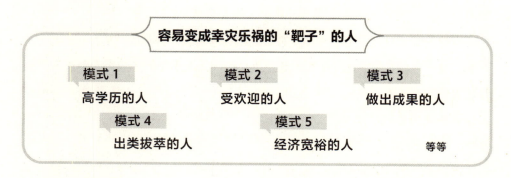

容易变成幸灾乐祸的"靶子"的人

模式 1	模式 2	模式 3
高学历的人	受欢迎的人	做出成果的人

模式 4	模式 5	
出类拔萃的人	经济宽裕的人	等等

---

① 指通过孩子而认识并成为朋友的妈妈们。——编者注

人与人相处，共同点越多，关系越好吗

● 认知平衡理论

Q 有人告诉我想做好营销工作，就要找到和客户的共通点，比如相似的兴趣爱好、来自同一个地方或是有共同好友等。请问这里面有什么科学根据吗？

很多人从过往经验中发现，在与客户沟通时，如果能找到彼此之间的共通点，就会让交流更顺畅。比如，与客户有共同爱好，甚至和客户一起去打高尔夫或看棒球比赛。如果是老乡，也会有同样的效果。如果是校友，一起怀念下母校也会很快拉近彼此的距离。

基于这些经验，很多公司在布置营销工作时，会选择与客户有共同爱好的员工，或者和客户是老乡或校友的员工。然而，也有企业管理者质疑这种做法是不是真的有效。

有位老板曾问过我一个朴素的问题："我们公司是派与客户公司对接人同乡或同校的人做销售，但我还是有点怀疑。因为同一个地方出来的人并不止他一个，还有很多人。有的人合得来，有的人合不来。校友中也可能有让自己特别反感的人。那么，怎么保证只要是老乡或校友，就一定能拉近彼此关系，甚至博得对方信任？"

这个说法确实不无道理，但与客户有共通点有助于顺利推进工作也是事实。在此，我们需要明白的是"人"这种生物往往并非深思熟虑之后再行动，而是反射性地做出反应。

接下来，我们来看看这种反射般的行动是出于怎样的心理规律。

人际关系的变动是为了让三个符号乘积为 "+"

心理学家弗里兹·海德（Fritz Heider）的认知平衡理论详细解释了这种现象。如下图所示，P、O、X 三者两两相乘，乘积都为 "+" 的话，代表三者关系处于平衡状态，比较稳定。如果出现乘积为 "−"，则表示三者处于失衡状态，容易产生不快等紧张情绪，而这会促使关系中的个体积极地行动，以使三者关系之积全部变成 "+"，取得平衡。

P 代表本人，O 代表对方，X 可以是人、物、价值观、兴趣爱好、偏好的球队、老家、母校等。符号 "+" 表示喜欢、怀念、关心、着迷等积极肯定的关系和感情。符号 "−" 表示讨厌、不愿想起、不对胃口、没有兴趣等消极否定的关系和感情。

比如，假设 P 是读卖巨人队[①]的粉丝，O 也是他们的粉丝，X 为读卖巨人队，那么 P 和 O 的关系就可以用图①来分析。因为 P 和 O 的关系、O 和 X 的关系都是 "+"，只有当 P 和 O 的关系也变为 "+" 时，P、O、X 三者关系相乘的积才为 "+"，所以 P 和 O 容易形成友好关系。

但是，假设 P 是读卖巨人队的粉丝，O 是阪神老虎队[②]的粉丝，且不喜欢读卖巨人队，那么 P 和 O 的关系就要用图④来分析，其中 X 相当于读卖巨人队。因为 P 和 X 的关系是 "+"，O 和 X 的关系是 "−"，只有当 P 和 O 的关系变为 "−" 时，三者关系相乘的积才为 "+"，所以 P 和 O 的关系容易变糟或疏远。

同为老乡或校友的人彼此之间容易拉近关系，这背后的心理也可以用图①来说明。不过，如果一方对自己的故乡或母校抱有消极情感，想避开老乡或校友，那就会变成图⑤或图⑥的结构。接下来，因为对 X 抱有不同情感，两者间可能产生不愉快的情绪，导致一方会避开与另一方的交流，或是仅仅维持表面的关系，从而变成图③或图④的结构。

[①] 一支日本棒球队，成立于 1934 年。——编者注

[②] 一支日本棒球队，最初称为 "大阪虎"。——编者注

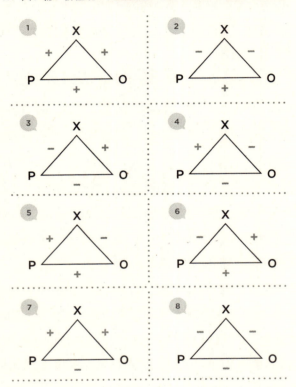

海德的认知平衡理论图示

P：本人
O：对方
X：人、物、价值观、兴趣爱好、偏好的球队、老家、母校等

日常人际关系的变化也符合这一原理

　　X 的位置除了兴趣爱好或老家，也可以放第三人。换句话说，日常人际关系的变化也能用三角图来解释。

　　比如，假设 P 对 X 有好感，也和 O 关系不错。偶然间 P 聊到 X 时，发现 O 讨厌 X。这种关系就是图⑤。这样的三者关系相乘为 "–"。而为了使三者关系平衡，P 聊起 X 的优点，告诉 O 其实他对 X 有误解。于是，O 对 X 改观，三者关系变为图①的结构。三者彼此友好，关系稳定。

或者出现另一种情况：O 对 P 说了 X 的坏话，告诉 P 他被 X 骗了。于是 P 认为自己看错了 X。三者关系形成图②的结构。P 和 O 都排斥 X，三者关系趋于稳定。然而，当 P 和 O 意见相左、互不相容时，三者关系会形成图④的结构。P 与 O 决裂，三者关系趋于稳定。

有时候，公司里有人挑拨离间、污蔑同事，出现有关同事的风言风语，其背后正是有人试图通过这种手段来让人际关系的乘积从"–"变成"+"。为了不让自己陷入烦琐复杂的人际关系泥潭中，最方便的是牢记这些图示，并借助图示处理人际关系。

第 **4** 章

如何带领团队
一往无前

哪些领导者会让人自觉追随

● 影响力的基础

> **Q** 我继承父亲的产业，成了公司的领导者。原本以为父亲的旧下属会因不想丢饭碗继续支持我，没想到他们有时候并不听指挥，我和他们相处得并不融洽。请问我应该注意哪些方面呢？

有关企业继承的烦恼总是不绝于耳。仔细想想，这世界上有无数个创业者，绝大多数都失败了，成功创业的寥寥无几。其中，成功创业后能守业到有人接班的更是凤毛麟角。因此，那些成功守业到把经营权交给后代的人无疑都是有非凡才略的人。

在大多数子承父业的公司里，很多决策是自上而下推行的。这种管理方式能保证工作效率，尤其是在推动事业起步时。但是在这种管理方式下，高层的决策一旦失误，整个公司就很有可能陷入前所未有的困境中。从这个意义上来看，那些让公司走上正轨、不断推动公司发展、顺利将公司产业交到后代手中的成功创业人士，的确拥有卓绝的管理才能。

而那些从创业初始就跟着公司创始人一路打拼、为公司奉献青春的老员工，绝对非常支持公司创始人的想法，相信创始人的决策和战略，甚至钦佩他的为人。他们长年追随创始人，不离不弃。这些人对初出茅庐的接班人要求苛刻也是无可厚非的。

那么，刚刚接班的继承者应该注意哪些方面呢？我们可以基于领导力理论来分析这个问题。此外，即使并非子承父业的公司接班人，只要是管理岗的领导者，也都可以将本节的影响力理论作为日常工作的参考。

▍影响力的 6 大基础

一个领导者必须思考如何润物细无声地发挥自身影响力。两位心理学家共同提出的社会性权力模型为解决这一问题提供了方向。

美国心理学家约翰·弗伦奇（John French）和伯特伦·雷文（Bertram Raven）将个体对他人的影响力，即所谓的社会性权力，分为奖赏性权力、强制性权力、法定性权力、参照性权力、专家性权力 5 种，之后雷文又追加了信息性权力，形成了如下所示的模型。

影响力的 6 大基础

1 奖赏性权力
基于其赋予他人金钱、地位、工作价值等奖赏的影响力。比如，加薪、升职、表彰、提高绩效考核成绩、批准人事变动申请等

2 强制性权力
基于其在金钱、地位、名誉、工作价值等方面惩罚他人的影响力。比如，不予加薪、降薪、降低绩效考核成绩、不予升职、降级、予以处分等

3 法定性权力
利用其地位或职务，让被影响的一方认可其影响力

4 参照性权力
基于被影响一方的好感和心理认同感产生的影响力

5 专家性权力
基于被影响一方认可其在某些领域有更丰富经验、更多专业知识和技能产生的影响力

6 信息性权力
基于其掌握关键信息或熟悉信息来源产生的影响力

奖赏性权力和强制性权力对下属有毋庸置疑的影响力。官大一级压死人，即便下属无法接受，也不得不按指示走。但这种服从不是出于自觉自愿的跟随，下属心中怀有的不满很可能会滋生反感。有些领导缺乏技术相关的专业知识，没有敏锐的时事嗅觉，不会高效地组织工作，甚至连精准的指示和建议都给不了，只能靠本身的奖赏性权力和强制性权力让下属屈从。

法定性权力与以上两种权力一样，被影响的人都有一种不情不愿、无可奈何的感觉。相反，参照性权力则让被影响的人有好感和心理认同感。被影响者会不由自主地想像影响者那样，或是想追随影响者。因此，参照性权力不像奖赏性权力、强制性权力或法定性权力那样会让人觉得不得已。员工等被影响的一方会愉快甚至兴奋地接受领导的指示和提点。

专家性权力是员工认为自己领导的专业知识（技能）出类拔萃，让人自愧不如；它是以员工对领导专业能力的敬意为基础产生的。因此，在影响效果方面也不像奖赏性权力、强制性权力或法定性权力，员工会毫不犹豫地接受领导的指示和提点。

信息性权力与专家性权力一样，也是在员工对领导的信息能力佩服得五体投地、自愧不如的基础上产生的，同样在影响上异于奖赏性权力、强制性权力和法定性权力，员工会不假思索地听从指示、接受意见。

此外，在信息时代里，接触必要信息的能力显得愈发重要。在信息性权力的影响方面，现在不仅是领导影响员工，员工对领导的影响也越来越大。

▋专家性权力是必需的，尽可能掌握参照性权力

领导对下属有奖赏性权力、强制性权力、法定性权力是毋庸置疑的，但是这些权力只会让员工不情不愿地跟随他们。有可能员工只是表面上服从，一旦脱离管控，就会得过且过、敷衍了事，甚至对工作一点也不用心，只勉强到及格线。

只要是企业管理者就会有奖赏性权力、强制性权力和法定性权力。但是，只靠这三种权力做领导是很可悲的，员工不过是无可奈何地跟随他罢了。这样的团

队或企业是没有任何发展前景的。

最理想的情况就是掌握参照性权力。一般来说，成功的创业者都具备这种影响力。心甘情愿追随他的人多，才能让企业获得成功。企业的接班人也渴望拥有父辈那样的影响力，但这种影响力并不是一蹴而就的。要掌握参照性权力这种理想的影响力，就要在平时多注意磨炼自己的心性。

短期内更为现实的目标是掌握专家性权力。不同的人经历不同，专精的领域也不同。你可能有技术、营销或财务等方面的背景，但还需多多积累专业知识，不断关注行业的前沿动向。在此基础上，年轻的领导者既要依赖下属的信息性权力，也要注意学习相关知识，提高自己在组织管理方面的专业能力。

如何对待总是唱反调的下属

● 认可需要

> Q 我希望自己的下属能尽快成长为企业生力军，所以总是严格要求他们，督促他们成长。但我听说很多员工私下里很反感我，说我"光会批评人"。如果我被扣上了职权骚扰的帽子，那就麻烦了。有人辞职的话，我也会被指责管理有问题。其他部门的朋友劝我多注意下言行。但是，我手下的人中对业务不熟的比较多，我不得不指点他们。请问我在管理中应该注意哪些方面呢？

企业管理者常常向我诉苦，他们本着让下属促进个人成长、成为企业生力军的初衷，会指出下属工作上未完善和需要改进的地方。但是，现在的年轻人动不动就反驳辩解，还没有怎么批评就马上变得消沉沮丧，让作为领导的他们左右为难、无从下手。

有的企业管理者甚至会觉得，如今的时代是不是有点不正常，自己居然必须在提高下属工作品质上思前顾后，简直是岂有此理。其中有人就曾向我说过下面这番话："以前我还是新人时，领导比现在的我更加苛刻严格，我是坦然接受批评，不断改善工作才走到今天的位置上的。所以，我真是无法理解现在年轻人的脑回路。"

然而，这就是我们所处的时代。现在我们不仅要理解年轻人，还要摸清他们的脾性，把他们培养成企业的生力军。为达到这个目标，我们首先需要分析一下当代年轻人的心理。

▌"希望获得认可"的心理需要极为强烈

当代日本的年轻人生活在"赞美教育法"的思想覆盖全日本的时期。有些爱子心切的父母甚至一旦发现自己的孩子挨批评、受委屈，就立刻投诉。所以，现在的年轻人在学生时代很少受批评和训斥。

沉浸在赞美声中的他们认可需要一直不断获得满足，逐渐养成了"认可需要得不到满足就提不起精神"的惯性思维模式。结果，从小没怎么受到批评的他们长大后也无法忍受训斥或指摘。

相对地，包括当代企业管理者在内的很多中年人从小在家、在学校就受到长辈、老师的严格管教。因此，当他们走入职场受到领导或前辈的严厉批评时，内心早已锻炼出相当的承受力，并不会感觉"崩溃"。尽管有时候也会愤愤不平、怒火中烧，他们依然咬着牙，铆足劲拼命争取领导的认可。

但是，现在的年轻人往往不把批评看作成长必需的精神食粮，甚至对其还会有强烈的抵触情绪，会因此丧失继续前进的勇气。即使领导批评他们的目的是让他们成长，他们也无法冷静接受，甚至还觉得自己是受害者。

从小就被赞美的一代承受不了批评和指摘

在认可需要总能获得满足的环境中长大，

一旦得不到认可就失去积极性

 ➡️ 因为心灵没有得到过磨炼，所以他们往往不是把批评当作成长必需的精神食粮，而是立刻对其产生排斥感、丧失积极性

对这些年轻人来说，被领导批评就意味着自己的做法没有得到认可，他们会

立刻有抵触情绪，丧失积极性。而他们之所以常常抱怨"领导总是没完没了地批评我，让人一点都不想干活了""那不就是职权骚扰吗"，正是因为他们心中充满了未被满足的认可需要。

▌把"不行"换成"可不可以"

在温室中长大的年轻人身上缺少承受批评的抗压力，面对批评总是满腹牢骚，很难激起不服输的勇气。这种牢骚和反感并不会使他们提升工作积极性，反而会让他们更为沮丧，让他们觉得"我白这么努力了，居然这样批评我。我不想干活了"。

正因如此，领导在指导年轻人工作时，要时常提醒自己"现在的年轻人心灵脆弱得超出想象，他们与在严格管教下长大的我们这代人不同"。

现在年轻人的另外一个特征就是万事照着指南、手册来做，即使他们在学生时代有很多打工兼职的经验。这是因为现代企业为了减少工作中的人为失误，将很多工作步骤详细制成了指南、手册，导致年轻人缺乏开动脑筋、发挥自身能动性提高工作效率的相关经验，即使被人批评了，也不知道该怎么办。

所以，我们在指导工作时要注意说话方式，不可一顿猛批——"这个不行""这种方法行不通"。可以说一些暗示改善方向的话，比如"能不能再研究研究这个地方""你的方案再做细致一点的话，给客户的印象可能会有个大的转变"等，这样的评价方式更容易让年轻人听进去。

▌把命令换成提问式建议

可能你觉得心灵脆弱的年轻人培养起来真是耗时、耗力、耗脑子，但如果我们能理解他们的脆弱，注意交往的方式，其实也没有想象中的那么难。

除暗示改善方向之外，利用提问的方式给建议也很重要。比如"你得这样做"听起来比较尖锐，换成"你觉得这么做怎么样"就显得温和好听。也就是说，我们说话时不要单刀直入，而要旁敲侧击、简洁婉转。

在指出失误、督促改进工作的时候，我们也可以尝试用些缓冲性的措辞做铺垫，这样能获得更好的效果，如"我年轻时也做不好""大家刚开始工作时都会出现这种事"等。

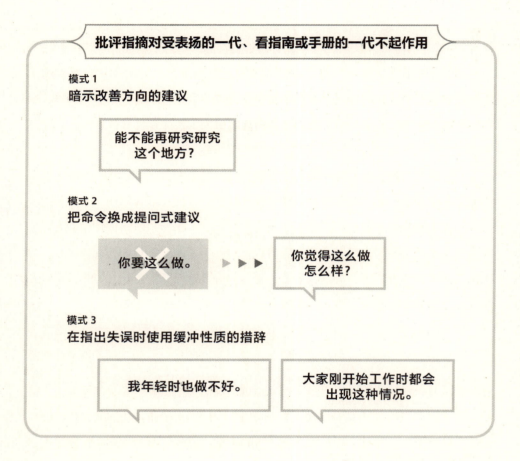

批评指摘对受表扬的一代、看指南或手册的一代不起作用

模式 1
暗示改善方向的建议

能不能再研究研究
这个地方？

模式 2
把命令换成提问式建议

你要这么做。 ▶ ▶ ▶ 你觉得这么做
怎么样？

模式 3
在指出失误时使用缓冲性质的措辞

我年轻时也做不好。 大家刚开始工作时都会
出现这种情况。

工作放手交给得力干将就够了吗

● 联结需要

> **Q** 我本想公平对待每个下属，但说实在的，有的下属业务不精，我必须多辅导监督，相对地就会顾不上那些得力的下属，只能放手让他们自己负责工作。我听说他们有责任、有担子后，工作积极性也会上升，但是我感觉他们好像有点不满。请问到底哪里出问题了呢？

　　人在自主需要获得满足后，工作积极性就会提升，这是动机的一个规律（参考前文）。虽然按指示行事的工作简单轻松，但很多人还是会觉得不满。因为人不是机器，会想要按照自己的想法做事。尤其是工作出色的人，他们的自主观念更为强烈。

　　此外，人们又有一种联结需要，即与他人产生联系的需要。领导把工作交给得力下属的行为虽然能满足后者的自主需要，但是无法满足后者的联结需要。下属虽然被委以重任，但是会觉得自己被疏远，反而会羡慕那些业务不精的人。同理，在学校，老师常常盯着成绩不佳的学生，为提高他们的成绩而忙得团团转，成绩优良的学生有时候就会有被老师冷落的感觉。这种情形也常常在职场发生。

　　因此，领导要有意识地满足包括得力干将在内的下属的联结需要。

▌"希望他人关心自己"的心理

　　我经常听到人们说现在的年轻人性情淡漠，很讨厌卷入职场的复杂人际关系中。年轻人确实不怎么喜欢被领导拉去酒局或是参加同事聚会。然而，虽说他们不喜欢下班之后还要和领导来往，但他们还是希望领导能够多关心一下自己。

从日本统计数理研究所每隔 5 年公布的日本人国民性调查结果来看，比起"薪资高但无家庭氛围的公司"来说，20～29 岁的人更喜欢"薪资差一点但有家庭氛围的公司"。这一群体在 2003 年占 35%，在 2008 年增加到 45%，在 2013 年增加到 48%。这种变化说明了越来越多的年轻人渴望有家庭般的职场氛围。

对于"私下里与领导的来往"这一问题，在 20～29 岁的年轻人中，表示愿意与领导有私下来往的人在 2003 年占 55%，在 2008 年增加到 65%，在 2013 年增加到 72%。这种变化说明了越来越多的年轻人愿意和领导私下往来。

这样的年轻人越来越多

第二点

希望与领导有私下来往

第一点

渴望职场像个大家庭

第三点

期待有个关照自己的领导

年轻人有很强烈的联结需要

讨厌卷入复杂人际关系，又希望他人关心自己

此外，面对"虽然不会破坏规矩、强人所难，但是私下里从不关照下属的领导"和"虽然有时候会破坏规矩、强人所难，但是私下里关照下属的领导"两个选项，在 20～29 岁的年轻人中，选择后者的人在 2003 年占 72%，在 2008 年占 76%，在 2013 年占 73%，这说明绝大多数年轻人更喜欢有人情味的领导。其实在这个问题上，不仅仅是年轻人，所有年龄段的人大多倾向一致。

从以上数据来看，如今的年轻人虽厌烦复杂的人际关系，却决不回避与他人的联系，甚至还渴望他人对自己的关注。这也和他们这一代充满赞美声的成长环境有很大关系。在赞美声中长大的他们受到赞美后，积极性就会提高。对方乐观积极的态度能让他们保持较高的工作积极性，周围的关注和善意的眼神也能激发他们的工作热情。

因此，我们需要对症下药。

认可需要获得满足后，就能接受较难的工作

从这一点来看，即使你非常信任自己的得力干将，能完全把工作交付给他，也不要忘记告诉他："我很放心把工作交给你，我相信你的能力。"这种简单的表达就能满足下属的认可需要，避免他觉得自己被疏远了。

此外，如前文所述，根据对上下级关系的认识的调查，"虽然有时候会破坏规矩、强人所难，但是私下里关照下属的领导"受到绝大多数人的欢迎。从这一点来看，当领导满足年轻人的认可需要后，即便交给他们一些稍微有难度的工作，他们也会努力完成。可以说，年轻的员工不太愿意去追随只会下工作指示而不联络感情的领导，因此领导在平时要注意和下属的情感沟通。

随着办公信息化的推进，在很多公司中，员工上班时几乎都在一声不吭地盯着屏幕工作，彼此之间并没有太多对话。从个人情感需求上来看，这种职场氛围是十分单调枯燥的。

以前，人们在工作时会通过闲聊杂谈相互交流情感。如今，时代不同了，如果领导抓不住机会清晰地表达自己的感情，那么下属是无法了解其心意的。当领导培养下属的任务繁重，时间都花在了指导业务不精的下属时，得力下属的联结需要特别容易受到忽视。长此以往，不仅业务精干的下属会心中失落，也会给整个公司造成重大损失。

因此，领导要有意识地满足下属的联结需要和认可需要，向他们表明"我很关注你""我知道你一直在努力工作"的态度。

自动屏蔽坏消息的心理是什么

● 证实性偏差

> **Q** 每当我在报纸和电视上看见一些企业的失败案例，就忍不住想："为什么这些企业的管理者能这么轻率呢？做那种决策明显就不会有什么好结果嘛！"我认为自己是绝不会做出类似显而易见的傻事的。不过，这里面是不是涉及什么无人能"幸免"的心理因素呢？

很多人看到企业管理者遭受诈骗的新闻或是丑闻，都会惊讶于对方竟然会犯那么蠢的错误。对于轻而易举就中圈套的企业管理者，他们会想："为什么这些企业的管理者在当时不能更谨慎一些呢？"而对于爆出拙劣丑闻的企业管理者，则感叹："这些企业的管理者居然觉得做出这种勾当也不会被人知道，简直是滑天下之大稽。"

所谓"当局者迷，旁观者清"，旁观者可以冷静审视、谨慎决策，而当局者往往慌乱不已，无法理智地做出判断。其实，无论是无意卷入丑闻的人，还是因中圈套而蒙受损失的人，他们都未曾想过自己会做出如此浅薄粗心的判断，但人人都可能在关键时刻疏忽大意、判断失误。要避免企业陷入窘境，我们有必要去了解这种现象背后的心理机制。

明白这种心理机制就可以大大提高预防误判的概率。

▌无视消极信息的心理倾向

在讨论对经营战略极为关键的项目时，有的企业管理者有时会出现一些致命的错误判断。而在之后的反省回顾阶段，他们绞尽脑汁也想不通为什么当时没有发现这些错误决策中的致命问题。

比如，有的人明明手边就有财务报表显示，现阶段没有充裕资金支持公司扩大业务范围，却对此视而不见，依然大胆地展开了业务扩张计划，结果遭到重大挫折。再比如，有客户上门来洽谈合作时，有的人因为工作懈怠，没能严谨地收集相关信息，没有发现其中的猫腻，被对方狠狠地敲了一笔。我们身边这种情况层出不穷。

我们要知道，人有一种试图打造令其安心的信息环境的心理倾向。简单来说，人都会不自觉地忽视对自己构成威胁的或让自己不适的信息，选择性地摄取让自己感到安心舒适的信息。这是心理学家利昂·费斯廷格（Leon Festinger）通过相关研究证实的。根据研究结果，他提出了著名的认知失调理论。

有人在买新车时在 T 公司的 A 款车和 N 公司的 B 款车上纠结，最后选择了 A 款车。虽然 H 公司的 C 款车最初也在备选之列，但之后从选择清单上划去了，最后只锁定了 A 款车和 B 款车。

调查人员以经由上述筛选过程购入新车且买车时间不满一个月的车主为对象，进行了一个有关汽车广告认知度的调查。结果发现，这些新车主总是在控制信息的摄取，试图制造一个让自己安心的信息环境。

调查人员事先了解了新车主常买哪些报刊，并收集了这些报刊最近一个月内的内容。之后，他们向新车主展示其中出现的 A、B、C 款车的广告，并询问对方有没有注意到这些广告，结果发现新车主非常关注 A、B 两款车的广告，但对 C 款车的广告没有怎么关注，往往会直接忽略掉。

调查人员进一步询问新车主是否仔细阅读了注意到的广告内容。面对这个问题，新车主的表现出现了颇为有趣的倾向。大部分新车主注意到 A 款车的广告后仔细阅读了该广告；对于 C 款车的广告，他们虽然没怎么注意到，但还是读了该广告的部分内容；而对于 B 款车的广告，他们虽然也注意到了，但是几乎不怎么阅读。

这些表现反映了新车主积极摄取对自己有利的信息，而极力排斥对自己不利的信息的心理活动。

广告本质就是宣传正面消息的。因此，新车主越是看自己购买的 A 款车的广告，就越觉得自己的选择很正确，心理上就很安心。相反，当他们看见自己权衡之后却放弃的 B 款车的广告，"也许 B 款车比较好"的念头就会在脑中挥之不去，让他们开始焦虑，不再平静。因此，他们倾向于主动阅读 A 款车的广告，而极力忽略 B 款车的广告。

我们每个人无意识中都在对信息进行着同样的选择和取舍。

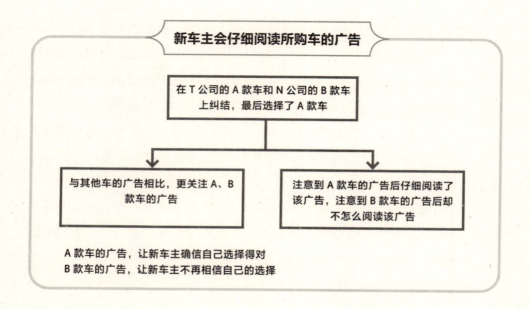

看清证实性偏差，预防误判

证实性偏差指的是个体非常关注那些能佐证自己观念的信息，而忽视那些与自我观念相矛盾的信息的倾向。

因为证实性偏差，当公司管理者在提出自己的观点时，哪怕手边有表示该观点会造成损失的市场数据或财务报表，他也不会参考对比，而会选择无视。他只关注有利于自己观点的信息，会不顾风险进行判断。有时候，这种失策是致命的。

为预防类似的误判，我们需要有意识地提醒自己"每个人都倾向于只看到有利的信息，而对不利的信息视而不见"。认识到个人的认知偏差，才能更客观地把握全局信息。

证实性偏差

一个人会非常关注
能证明自己观点正确的信息

**自动忽视与自己观点冲突的信息的
认知倾向**

如何做到目标达成
与团队维系之间的平衡

● PM 理论

> Q 最近，我当上了项目主管。与以前只需要按领导指示行事的工作情况不同，现在的我必须发挥领导力。但是我在学生时代连社团的社长都没做过，所以一点信心也没有。请问能不能教我一些领导力方面的关键技能呢？

　　以前工作中只需要按领导和前辈指示行事的人，突然变成了需要率领团队前进的角色，换作谁都会感到紧张和困惑。但这种紧张感也可以用于促进自我成长，而想要做到这点就需要认真学习领导力。

　　我之前接触过各种类型的领导，有靠谱的，也有不靠谱的。有的领导虽然业务上出类拔萃，但并没有率领团队的能力。有的领导看上去并不机敏聪慧，但是能抓住人心、团结队伍。

　　当然了，每个人心目中都有各自理想的领导形象，但任何一位领导首先都要满足身为一个领导者必备的基本要求。接下来，就让我们参考商业心理学领域的领导力理论，一起来看看身为领导者的人要承担什么样的角色。

▋领导者的两个基本角色

　　心理学领域进行过众多有关领导力的研究，其中的一个重要主题就是领导力的两种基本机能。

这两种基本机能是：目标达成机能和团队维系机能。有关利用这两种机能来掌握领导力的研究备受关注，其中最具代表性的是三隅二不二提出的 PM 理论。

PM 理论中的 P 指的是效能（performance），具体指促进团队完成目标和解决问题的领导机能，也可以称为目标达成机能。M 指的是维护（maintenance），具体指促进团队团结协作的领导机能，也可以称为团队维系机能。

三隅二不二列举了领导者需具备的 P 机能和 M 机能分别对应什么具体行为（如下所示）。已经进入管理层的人可以对照着这两个列表，看看自己满足哪些条件。即将要走上领导岗位的人也可以参照列表看看自己能做到哪几条，并要意识到这些能力的必要性。

目标达成机能（P 机能）的行为

1 明确目标，不断地强化下属的目标意识

2 为达成目标制订计划

3 制定并贯彻部门方针

4 将达成目标的方法具体化，并让下属认真理解

5 给每个团队成员分配工作并明确工作责任

6 督促下属展开工作、完成任务

7 掌握每个下属的工作进展状况

8 明确目标完成过程中出现的问题点，给予下属相关的解决建议

9 努力学习专业知识和技能，发挥好作为信息源或建议者的作用

10 确切掌握每个下属的成果，并进行合理评价

团队维系机能（M 机能）的行为

1 促成并维系舒适友好的团队氛围

2 促进下属之间的沟通

3 加强下属之间的信息交流

4 给予少数群体发言的机会

5 对内部的纠纷进行评断

6 恰当处置影响团队和谐的下属

7 尊重每个下属的意见，让每个下属都有自主性和主人翁意识

8 照顾每个下属的感情，倾听他们的不满和意见

9 与烦恼迷茫的下属谈心

10 以部门代表的身份在必要时与其他部门的人进行交涉

适合自身的领导力类型

这两种机能的强弱形成了 4 种不同的领导力类型：目标达成机能和团队维系机能两者都能够充分发挥的称为 PM 型；只能充分发挥目标达成机能的称为 Pm型；只能充分发挥团队维系机能的称为 pM 型；两种机能都不能充分发挥的称为 pm 型。

三隅二不二等人以各个企业的中层管理者为对象，就其领导力类型与团队活跃度等影响工作效率的因素之间的关系进行了调查。结果发现 PM 型领导力是最有效果的。也就是说，最理想的领导者是能充分发挥目标达成机能和团队维系机能的人。但是，现实中能将两者充分发挥的领导者少之又少。

虽说管理层的人都可称为领导者，但每个领导者都有各自不同的性格特征和

擅长领域。有些领导者虽然善于带领团队前进，目标达成机能强，但不擅长理解他人，团队维系机能较差，而有的领导者正好相反。

人各有异，我们可以从性格的好坏和能力的强弱出发，审视一下自己以往包括学生时代的倾向偏好，对照两个列表进行自我评价，并按照目前能做到的、只要意识到就能做到的、可能无法做好的，对表中行为进行区分。

按这种方法来审视自我，有意识地发挥必要能力，才能显著提高自身的领导力。虽然世上不存在万事都能做到完美的超人，但我们也不能因为自己做不好就避而不做，选择无视。在实际的人事分配中，企业要想办法让下一级领导者补充上一级领导者做不好的地方，分担发挥目标达成机能和团队维系机能的任务。

公司在不同阶段对领导力的要求
有什么不同

● 领导力生命周期理论

> Q 我感觉在创业初期，自己充分发挥了领导力。但是这段时间，公司人心不齐，大家有很多不满和意见，让我有点怀疑自己作为领导者的资质。您能告诉我一些有助于率领公司前进的技巧吗？

站在负责全公司管理位置上的领导者必须克服各种各样的焦虑与不安，率领公司不断前进。在公司的发展过程中，他们不免会出现对自身领导力资质产生怀疑的情况——这是每个领导者必须经历的考验。

很多公司在创业初始，领导率领团队，各方面都做得不错。但当公司业务走上正轨、一切稳定下来时，员工就出现了很多不满的声音，公司整体的氛围变得糟糕。

其原因之一在于：创业初期一切都是未知数，也就是说因为公司随时都可能受挫倒闭，所有人深知这时候不该抱怨和内斗，必须相互团结、携手前行。然而当公司走上正轨后，每个成员开始有精力去审视自己的状态，不满的想法就很容易表露出来。

另一个原因是有关领导力的。能够成功创业的人，一方面可以说是有能力带领所有人奋勇前进的领导者，另一方面不免存在一些强势的行为，若非如此，绝不可能从无到有。但是，一旦公司的各方面都稳定下来后，下属就不再满足只做追随者、服从者了。这时候就需要改变领导方式。如果忽视这一点，还是像从前一样强势，一定会招致更多的不满。

▌领导力也有生命周期

人生有包括青年期、成年前期、成年后期（中年期）、老年期等的生命周期，在每个人生阶段，我们都需要去改变以往的生活方式。同样，领导力也有生命周期，每个阶段都需要采取相应的领导方式。

在此，值得我们参考的是保罗·赫西（Paul Hersey）和肯尼思·布兰查德（Kenneth Blanchard）共同创立的领导生命周期理论。该理论认为员工的业务熟练程度不同，相应有效的领导方式就不同。它把团体的成熟度分为4个阶段，并给出每个阶段相应的领导方式。

在员工的业务熟练程度低，即团体不成熟的第一阶段，以指示性行动为中心的指导型领导方式是最有效果的。如果在这个阶段就让员工发挥自主性，过于相信员工的判断，不仅不会提高员工的工作积极性，反而会让团队陷入混乱。

在团队初步成熟的第二阶段，依然以指示性行动为中心但兼顾员工个人感情的推销型领导方式更有效果。因为这时候，员工尚未精通业务，需要领导给出非常具体详细的指示，但与此同时，说什么就做什么的强硬指示可能会造成员工工作积极性下降，因此在指导工作时也要耐心地解释原因。领导只有让自己的指示具备说服力，才能更好地推进工作。

在团体比较成熟的第三阶段，员工工作能力显著提升。因此，减少指示性行为、在一定程度上让员工发挥自主性、重视提高员工工作积极性的参与型领导方式是最有效果的。员工业务熟练时，就要尊重他们的自主性，让他们不再犹疑，而是带着满足感，积极地投入工作当中。

在最后的第四阶段，整个团体的机能已经相当健全，员工个个精通业务。因此，尊重员工的自主性和自律性、多让员工自由定夺的授权型领导方式更有效果。将工作全权交给业务早已纯熟的员工，可以提高他们的工作热情和自觉性，并有望让他们更好地发挥自身的能力。

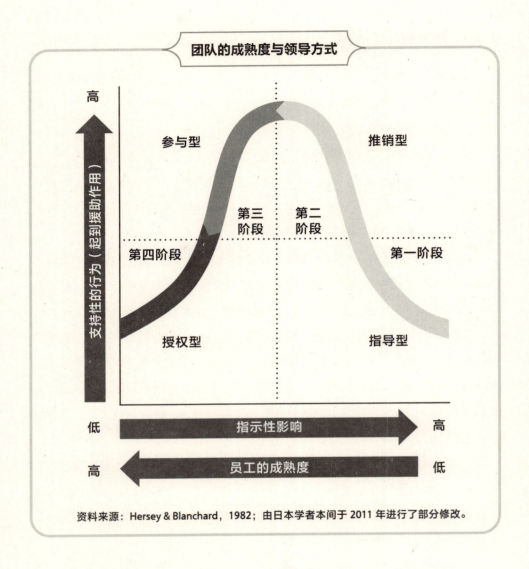

团队的成熟度与领导方式

高

支持性的行为（起到援助作用）

参与型

推销型

第三阶段　第二阶段

第四阶段

第一阶段

授权型

指导型

低　　　　　指示性影响　　　　　高

高　　　　　员工的成熟度　　　　　低

资料来源：Hersey & Blanchard，1982；由日本学者本间于 2011 年进行了部分修改。

▌学会灵活切换领导风格

　　领导生命周期理论的出发点在于，成功率领团队的领导者是能根据员工能力状态灵活切换自身领导方式的领导者。

　　当团队成熟度较低时，领导工作是以给予明确的工作方向或指示为中心的。

这就要求领导者发挥很强的目标达成机能。换句话说，这时有效的领导方式是为团队描绘出清晰的理想蓝图，敢于强势、锲而不舍地带领大家朝着目标奋勇前进。如果在这个阶段就放手让员工发挥自主性，不做详细具体的指示，那他们很可能会不清楚自己在组织中的角色，而组织也就无法正常运转，无法获得真正的成功。

不过，虽然这种领导方式在创业初期较为有帮助，但如果一成不变，反而会让团队陷入管理不善的境地。当公司在一定程度上步入正轨时，可以稍微放松要求，适度放权，让每个员工分挑担子，提升他们的自觉性和主观能动性，以提高他们的工作积极性。

熟悉工作后，每个员工对工作都会有自己的主张，都想按照自己的方式做事。如果总是被迫像个机器人一样按指令行动，反而会挫伤员工积极性，不利于整个团队的能力整合。

因此，领导者要能够按照员工的情况灵活切换领导方式。

哪种领导风格顺应瞬息万变的时代

● 变革型领导风格

Q 如今的时代是激烈变革的时代。技术革新给产业结构和生活方式带来了日新月异的变化。有人称老套的领导风格已经行不通了，那请问我们究竟要关注哪些方面才不至于淹没在时代的浪潮中呢？

如今的技术革新以惊人的速度突飞猛进，给我们的生活带来了令人眼花缭乱的变化，也让商业活动的方式出现了巨变。

在现在的形势下，每个担负团队发展责任的领导者都是殚精竭虑、日夜奋战。很多领导者虽然明白以往的领导方式已经行不通了，需要改变，但是他们或许有些迷茫，不知道朝着什么方向去改变，又该如何去改变。

接下来，我们就来讨论一下哪种领导方式真正顺应了这个激烈变革的时代。在商业心理学领域，这种被称为变革型领导风格的领导力是一大研究热点。

▌跳脱专注于业务的领导风格

随着社会环境越来越多变，我们越来越需要变革型的领导者。

在产业结构稳定的时期，团队组织的方向很清晰，工作安排部署也很明确。因此，有效的领导方式是使员工专注于日常业务并提升员工工作效率的业务处理型领导风格。

但是，永无止境的技术革新给人们的生活方式和产业结构带来了令人目不暇接的变化，组织的目标方向也随时都可能发生改变。业务处理型领导风格是无法应对这种时代形势的。因为当今领导者不仅要督促下属完成目标任务，还要不断地修正目标的方向和内容。

如今，我们需要的是变革型领导风格。假如说以前常见的领导风格好比拿着鞭子驱赶着员工朝目标走，那么变革型领导风格就是不断研究目标的设定，朝着一个最佳的方向不断调整目标。

要充分发挥变革型领导风格的优势，我们就需要从以下的视点来看问题。

变革型领导风格的视点

1 不仅关注团队内部，还关注团队所处的大环境

2 着眼于技术革新所带来的生活方式和生活需求的变化

3 具备谋求团队发展的大方向性构想

4 不落窠臼，重视对团队发展必要的组织改革

5 既重视团队内部人际关系，又有大格局、大视野的决断力

企业团队中不仅是领导者，每个员工都要有改革的视野和格局，否则团队是毫无发展前景的。像那些在复杂的人际关系中靠着圆滑一路走过来的人虽然在变化微弱、发展稳定的时期，还能为公司做出一定的贡献，但一旦到了谋求创新变革的时代，如果团队里净是这种"老油条"，那企业就危在旦夕了。

因此，变革型领导者也会要求下属关注企业外部环境的变化，不断宣传变革的必要性。他们会促使下属带着危机感投入工作当中，提醒他们只考虑自己出人头地的短浅眼光会让整个企业陷入危险境地。变革型领导者会展示出自己的格局，激励下属扩大视野。当然，变革型领导者对企业所处的大环境的变化也有敏锐的洞察力。

此外，要谋求企业的生存和持续发展，就需要其领导者打破条条框框，彻底

进行组织变革。在这个过程中无法避免地会发生各种利益冲突和矛盾，而要解决这些冲突和矛盾、带领团队不断前进，就需要领导者展现出坚定的格局与构想，并带着"横眉冷对千夫指"的态度和"不破楼兰终不还"的决心进行改革。

▌激情和魄力是领导魅力的关键

人们总是讨厌变化、喜欢保守，因此要想实现变革就要撼动员工的内心。如果没有真正地为企业和员工的将来着想，没能拿出百分之二百的激情和魄力彻底进行组织变革，再怎么高大上的言论也无法触动员工的内心。从这一点来看，变革型领导者需要具备冲破一切阻碍、全力以赴以实现目标的姿态。

心理学家贝纳德·巴斯（Bernard Bass）认为变革型领导风格有 4 大要素：领导魅力、领导感召力、智力激发和个性化关怀。

其中最重要的是领导魅力。可能有些人觉得这种魅力是与生俱来的，自己再怎么努力也无法拥有。其实领导魅力并非什么特殊才能。一个有领导魅力的人言行举止无不显示着自身为团队、为员工，乃至为社会奉献的精神，无不显示着他朝着宏伟蓝图奋斗的热情，无不显示着他指导企业发展方向并为此大刀阔斧进行变革的气魄。领导魅力能极大地提高变革型领导风格的有效性。

但我们也要认识到，总是关注改革的领导方式有一定弊端。变革型领导风格之所以如此重要和必需，是因为企业如果只看到自己的发展而忽视了社会大环境的变化，就会无法顺应时代的要求。然而，如果领导者不能充分发挥以往领导方式中的团队维系机能，那企业作为一个整体是无法充分发挥自身机能的。从这个角度出发，心理学家布鲁斯·阿沃利奥（Bruce Avolio）提出了统合型领导风格。这种领导风格兼有整合团体的领导风格和变革型领导风格。

变革型领导风格的构成要素

1 领导魅力
受到员工的敬重和崇拜，有吸引他人追随的力量

2 领导感召力
能鼓舞员工，激发员工的工作热情

3 智力激发
能促进员工开发自身潜力

4 个性化关怀
能考虑到每个员工的目标和感情，并给予适当支持

如何让员工朝期待的方向转变

● 皮格马利翁效应

> **Q** 我总是忍不住想教育那些做事马虎或工作拖拖拉拉、毫无干劲的员工，但有人告诉我这反而会起副作用。请问到底怎么做才能让那些懒散的员工稍微对工作上点心呢？

　　每个公司都有一些对工作积极性不高的员工，而企业管理者都觉得不能听之任之，要严加管束。但他们若真是那种被批评教育后就能拿出干劲的人，那么即便没有人指摘，他们也会认真扑在工作上。

　　领导看不惯那些毫无干劲的下属，但批评教育他们也没有任何效果。这类人很可能从学生时代开始，无论在学习上还是在社团活动中就从未获得过理想成绩。他们遭到他人的白眼和轻视，被人戴上了"无能"或"不努力"的帽子，以至于他们自己也渐渐觉得"反正我就是不好""我就是个不努力的人"。他们也可能拼死拼活地努力做出过一点成绩，却被一种虚无感深深包围。

　　不管是什么原因，那些工作积极性不高的人是听不进批评教育的。他们只会破罐子破摔，认定自己就是无能者。那我们该怎么办呢？

　　这时候我们可以尝试一下期待效应。人们很愿意回应他人的期待，特别是非常在意他人看法、对他人眼光很敏感的人。

期待的神奇效果

　　皮格马利翁效应的期待效果在心理学领域中广为人知。根据这种效应，领导或周围人的期待会给员工带来非常大的作用。

皮格马利翁效应指的是个体会逐渐向被期待的方向转变，它是由心理学家罗伯特·罗森塔尔（Robert Rosenthal）等人通过在某个小学所做的实验而发现的。实验中，他们让一些老师相信学校的某些孩子智商较高，未来会有长足的发展。结果，那些感受到老师对自己期待的学生确实在之后的测验成绩上要比其他学生提升得更多。罗森塔尔将这种效应命名为皮格马利翁效应。

可能你会觉得智商高的学生成绩自然提升得更快。但实际上，这些所谓的高智商学生是随机挑选而出的，根本不存在什么智商测试。尽管如此，他们受到了确信自己智商非常高的老师的期待。其中，绝大部分人成绩提升幅度非常大。从这个结果来看，对他人的期待在促进他人成长方面非常重要。

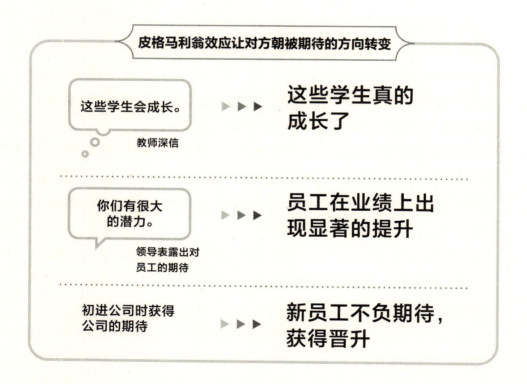

现在有些企业也开始将皮格马利翁效应应用到工作动机管理上。比如，某企

业做过一个实验。该企业把成绩优秀的营销人员和成绩一般的营销人员分开，由不同的领导管理。然后，后者的领导激励下属，让他们相信自己有着比前者更大的潜力，只要肯努力就能发挥自己的真才实干。结果，一段时间后，后者的营销成绩显著提升。

还有企业就员工初进公司时受到的期待与其 5 年后职位晋升的情况做过某个实验，结果发现两者之间存在很强的相关性。也就是说，如果员工在新人时期就被公司寄予厚望，那他们在职场的晋升速度就会加快。

从上面的实验我们可以看出，想让员工努力工作就要对员工表示期待。

▌不要显露消极期待

我们要注意的是，期待有积极的，也有消极的。这可能不太好理解，我再具体解释一下。

在学生时期，我们可能听过某同学说："反正我就是个笨蛋，连老师都觉得我笨。"也可能遇到过老师训斥某学生："又是你，真是无药可救了！"而这个学生反驳说："我就是个坏坯子，不正好吗，我就要坏给你看！"

这其实就是回应消极期待的典型案例。也就是说，那些被周围看作"笨蛋""坏学生"的人像是回应消极期待一样，不愿学习，宁愿考砸。而被周围人看作坏坯子的人也同样不断做出挨批评的坏事。这些反应都是出于心理机制的作用。

因此，我们要尤为注意不要对那些看上去并无工作热情的员工显露出消极期待。假如他们认为"反正别人觉得我在工作上没什么干劲"，他们就会越发对工作提不起心劲。

不仅如此，我们还需要向下属表示积极期待。皮格马利翁效应实验证明了只要教师相信自己的学生肯定会获得成长，学生就会在平日里和老师的来往中感受到这种期待，并因此提升学习积极性。同样，在公司里，如果一个领导对员工抱有期待，认为他一定会带着很大的热情投入工作，这种期待就会下意识地渗透到言语中，并表露在表情或姿态上。员工会真切地感受到这种期待，从而点燃心中的工作热情。

与不在意他人且生活以自我为中心的欧美人不同，日本人活在人与人之间的羁绊中，尤其不愿辜负他人的期待。因此，期待对日本人来说有相当大的效果。

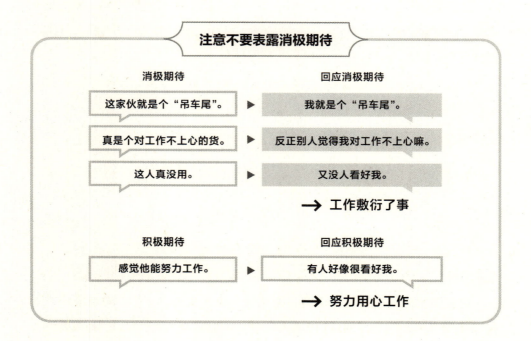

第 5 章

如何提高
销售业绩

为什么节俭的人也会大手大脚

● 心理钱包与心理账户

> Q　我发现，平时勤俭节约的人有时候在旅行期间也会变得大手大脚起来。还有的人连 3 000 日元的公司聚餐费都抠抠搜搜不肯拿出来，却能为了兴趣爱好或教育学习毫不犹豫地拿出一两万日元。如何理解这些消费者的心理呢？

很多人一去旅游就不自觉地松开平时勒紧的钱包。有人平时觉得 2 000 日元吃一顿饭太贵，在外就餐绝不吃 1 000 日元以上的。但是他们一去旅游，居然会心平气和地点上一顿 3 000 日元的大餐。

除旅游之外，很多平时勤俭节约的人到了生日等纪念日时也会来一顿奢侈大餐。而有些觉得花 3 000 日元参加公司聚餐太亏的人会在独自去吃饭时，面不改色地进入人均 5 000 日元的烤肉店。

同一个人在不同环境、不同情况下，消费水平会不同，生活中这种情况数不胜数。而且，每个人都有自己的消费方式。比如，有人平时为了省钱，即使中午同事都去套餐店吃饭，自己也坚持只吃便利店的盒饭，但在买喜欢的衣服上则不惜重金。

想要搞清楚这些消费行为背后的心理机制，我们需要了解被称为心理钱包与心理账户的思维方式。

心理钱包

日本心理学家小嶋外弘为解释上述消费者心理，提出了心理钱包的概念。我们的物理钱包也许只有一个，但内心却有好几个钱包，这些内心的钱包就是心理钱包。

同一笔钱从不同的心理钱包中掏出来时，我们内心会有不同的感觉：有时候会觉得很贵，感觉心疼；有时候却感觉价格合理，感到满足。比如，在和别人约会时，即使吃 10 000 日元的大餐，有人也觉得心满意足，但是 5 000 日元的公司聚餐却会让他觉得很亏。或者像前文所讲的，有人愿意在旅途中吃 3 000 日元的饭，但平常吃 1 000 日元的便餐却觉得贵。

也就是说，不同的状态下人们会使用不同的心理钱包，而同一金额的消费既可能带来满足感，也可能造成吃亏感。

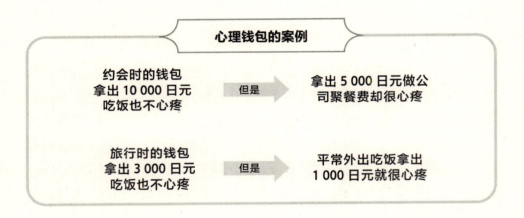

同样是日常开销，有人外出就餐花 2 000 日元都心疼，却能爽快地拿出 3 000 日元做文化修养类的投资，并且产生一种满足感。外出就餐的消费本身也有区别，比如买咖啡馆中 800 日元的咖啡嫌贵，吃 1 000 日元以内的晚饭却能接受。不同的状况，不同的商品或服务，心疼嫌贵的金额上限也会不同。这都是因为人有不同的心理钱包。

此外，不同的人不仅有不同的心理钱包类型，还有不同的支付上限。有的人因为穷连午饭钱都省着花，却毫不吝啬地购买励志类书籍或花钱参加研讨会。有的人每个月拿大部分工资买衣服，却在偶尔出去的旅游住宿上斤斤计较。有的人会毫不在意地拿出 10 000 日元买喜欢的演唱会票，却抱怨聚餐消费居然超过 5 000 日元。

不同的人有不同的消费偏好。因此对市场销售来说，最重要的是预先对消费者做好精细划分，详细了解每个分区的消费者有着怎样的心理钱包，每个心理钱包下消费超出多少会让消费者觉得吃亏。

心理账户

心理学家阿莫斯·特沃斯基（Amos Tversky）[1] 和丹尼尔·卡尼曼（Daniel Kahneman）[2] 提出了类似心理钱包的概念——心理账户，即人们心中的会计系统。

如下图所示，特沃斯基和卡尼曼设计了两种情境来比较愿意买电影票的人的比例。383 名调查对象中，200 人回答情境 1 的问题，183 人回答情境 2 的问题。结果发现，后者中有 88% 的人回答会买票，而前者中回答会买票的人只有 46%，差不多是后者中该项比例的 1/2。

特沃斯基和卡尼曼用心理账户理论解释了这种差异。

情境 1 中，人们需要重新购买已经买过的电影票，也就是说，必须重新从电影票支出的心理账户再次掏钱。用同一心理账户重复购买会让人觉得很亏，因此他们对买票产生了排斥心理。

相反，在情境 2 中，现金与买票的钱分属于不同的心理账户，并没有重复购

---

① 阿莫斯·特沃斯基是丹尼尔·卡尼曼最重要的研究伙伴。2002 年，当卡尼曼因两人合作的研究而获得诺贝尔经济学奖时，特沃斯基却因不在人世而错失获奖权利。《特沃斯基精要》一书收录了这位少为人知的行为经济学奠基人留下的 14 篇精华之作，每篇文章均被引用超 8 500 次。该书中文简体字版已由湛庐引进，浙江教育出版社 2022 年出版。——编者注

② "行为经济学之父"丹尼尔·卡尼曼长期专注于决策研究。2021 年，他通过力作《噪声》同大众分享了继《思考，快与慢》后的又一重大颠覆性发现。书中，卡尼曼指出哪里有判断，哪里就有影响决策的"噪声"，并提供了两大公式与六大原则帮助读者认识噪声、减弱噪声。该书中文简体字版已由湛庐引进，浙江教育出版社 2021 年出版。——编者注

买的情况，因此不会出现对买票的排斥心理。

心理账户的调查结果

情境 1　假设丢失了电影票

你花了 10 美元买了一张电影票，但是进场前才发现票丢了。你会再买一次票吗？

回答"重新买票"的人有　**46%**

情境 2　假设丢失了现金

你准备花 10 美元买票看电影，掏钱时才发现自己丢了 10 美元。你还会买票吗？

回答"买票"的人有　**88%**

从心理钱包或心理账户的思维角度，我们可以了解消费者的一般消费倾向，知道他们会在什么样的状况下做出怎么样的消费。而且我们可以根据消费情况将消费者归类，了解不同类型的消费者都有什么不同的消费倾向。这会给市场营销战略的谋划带来巨大的启示。

如何梳理不同客户的不同关注点

● 多属性态度模型

> **Q** 在租房上，有人关注租金的高低，有人重视房子的大小、格局或房龄，还有人讲究交通的便利等——不同的人有不同的侧重点。请问有没有什么方法可以详细地分析每个人不同的关注点，以便推荐给他们最适合的房子呢？

想为消费者提供满意的商品或服务，就要先了解消费者的需求。

在物资匮乏的年代，只要是日常生活的必需品或方便用品，无须吆喝，商品就能畅销；只要产品的性能不错，就有市场。因此商家最关心的是如何提高制造技术。

如今这个时代物质富足，各种市场日益成熟，酒香不怕巷子深的情形已经一去不复返了。市场要求我们必须去挖掘消费者的需求。因此，市场营销就成了寻找消费者需求的关键所在。

在过去物质尚不充裕的时期，市场营销的核心是调查人们生活中缺少什么东西，分析什么东西会给人们的生活带来便利。但现如今，人们很少有物质上的匮乏感，大部分人都能过上方便舒适的生活。因此，市场营销的方式也必须做出改变。在这种大背景下，有关决定消费行为的心理因素的研究备受关注，其中之一就是对购买动机的研究。

▌需要变化与购买动机

购买动机研究针对的问题是：人们是为了满足何种需要去购买特定商品或服务的，又是基于商品或服务的哪些特点进行消费的。

在研究购买动机时，我们常常会把心理学家亚伯拉罕·马斯洛（Abraham Maslow）提出的需要层次理论拿出来做参考。马洛斯把人的基本需要分为 4 种，并设定了相应层次，层次越靠下的需要越基本，越需要优先满足。只有当下层的需要基本获得满足后，上层的需要才会凸显出来。只有 4 种基本需要差不多都得到满足后，才会产生自我实现需要。

马斯洛的需要层次

自我实现需要
尊重需要
归属与爱的需要
安全需要
生理需要

自我实现需要
追求实现自我潜能的需要，也就是完善自我、进一步成长的需要

尊重需要
渴望获得价值认可和较高评价的需要，建立自尊心的需要

归属与爱的需要
渴望亲密朋友、恋人或配偶，渴望融入集体的需要

安全需要
渴望人身安全和生活稳定的需要，也包括免遭痛苦和威胁、追求秩序、避免混乱的需要

生理需要
获得食物以免遭饥饿的需要、获得水分以解除干渴的需要、获得休息和睡眠以缓解疲劳的需要等，主要指对维持生命而言不可或缺的需要，还包括性需要、刺激需要、活动需要等

比如，想要满足穿衣、吃饭、安居的需要就是生理需要和安全需要。这些需要基本得到满足后，才会产生进一步的需要。在选择衣物时，人基于上层需要的倾向更加强烈。比如挑选衣物时，会有意识地挑选能让自己更快融入社交圈的款式（社交需要），或是让自己显得帅气或可爱的款式（尊重需要）。想穿戴和同伴们一样的衣物是出于社交需要，想穿上高级品牌的衣物是出于尊重需要。只有这些需要基本获得满足后，自我实现需要才会萌生。也就是说，只有在这时消费者才更容易受到那些标榜个性与自我的商品的吸引。

▍消费者购买决策模型

心理学家马丁·菲什拜因（Martin Fishbein）提出了多属性态度模型的概念。多属性态度模型反映了商品重要度和消费者信念之间的函数关系。前者具体是指各个商品（如房产）多个属性（如大小、布局、租金等条件）的重要度，后者具体是指消费者对各个商品从不同属性来看价值如何的信念。

多属性态度模型认为，消费者的购买决策是基于各属性上的评价与信念的乘积。各属性上的评价简单来说就是对各个条件的重视程度，而信念指的是消费者认为每个选项满足各个条件的程度。

比如一个人正在找房子租住，那他就要考虑房子的大小、布局、租金、交通便捷性、周边环境、购物方便度等，然后将这些属性的重要度进行优先排序，如房子大小和布局为 3 分，租金为 3 分，交通便捷性为 2 分，周边环境为 2 分，购物方便度为 1 分等。

假设我们用这些属性对 A、B、C 三个房子进行评价，结果如下：

房子 A 的大小和布局评分为 5 分，得分很高，而租金评分为 1 分，评价很低。A 房子大、租金高。房子 B，租金评分为 4 分，相对较高，它的大部分属性评分为 3 分。房子 C 在大小和布局、交通便捷性以及购物方便度三个属性上得了 4 分，其他两个条件得了 3 分。

多属性态度模型的计算案例

	大小和布局	租金	交通便捷性	周边环境	购物方便度	综合得分
重要度	3	3	2	2	1	
房子 A	5	1	3	4	4	36
房子 B	3	4	3	2	3	34
房子 C	4	3	4	3	4	39

房子 A=3 × 5+3 × 1+2 × 3+2 × 4+1 × 4=36

房子 B=3 × 3+3 × 4+2 × 3+2 × 2+1 × 3=34

房子 C=3 × 4+3 × 3+2 × 4+2 × 3+1 × 4=39

　　以上是对房产客观条件的评价。不过，人们不会仅凭客观条件做选择。有人讲究房子大小和布局，有人讲究租金高低，也有人讲究交通便捷，还有人认为周边环境更重要。此外，购物方便对有的人很重要，有的人却无所谓。

　　上面列表的最上边一行代表每个属性的重要度。从该列表来看，找房子的人很重视大小和布局，不怎么重视其他属性，尤其不看重购物的便利性。将每个属性的重要度和评价分数的乘积相加，可以得出综合得分。从结果上看，最适合这个人的是房子 C。

为什么有些客户看到东西
马上就想得到

● 即时满足

> Q　一些性子急的客户常常跟我说多掏点钱也没关系，他们只想尽快拿到货。但我感觉他们也不像是有什么要紧事，不着急的话，等东西再便宜点不更好吗？请问这样的客户是出于怎么样的心理机制呢？

做生意的人常常发现有些客户不喜欢等待，一等待就变得焦躁不安。

有些客户确实性子容易急躁。我们有时候在餐厅或酒馆等餐时，排在自己后面的顾客会不断地催促服务生："怎么我点菜点了这么久还没到呢？你真的给我点了吗？"其实他只要看看周围就知道比他早来的人都还没有动筷子，但他还是火急火燎的。

但是，宁愿掏高价也想早点拿到货、没什么要紧事却片刻也等不了的客户并非只是因为性子急使然，更多是在某种心理驱动下才变得如此急不可耐的。

那就是想要即时满足、不愿延迟满足的心理。这种心理会影响消费者的购买行为，因此受到市场营销的重视。

"就今天而已，没关系的"心理

每个人都会厌烦那个无法抵抗诱惑、忍耐力差的自己。

试想在体检时发现体重大大超标后，你深感减肥的必要性，决心控制甜食的摄入。然而你本来就对甜食没有抵抗力，一看见好吃的蛋糕或点心就忍不住买下来。一到咖啡馆，你发现有美味的甜品就禁不住点来尝尝。大脑不停地告诉你"就今天吃点而已，没关系的"，回过神来时，你已经把甜品送进嘴巴了。等你回到家，脑子清醒起来后就开始责怪自己。现实中，有不少人陷入这种"及时享乐—自我厌恶"的死局中无法脱身。

可能你对甜食的例子没什么实感，但你是否有过以下的经历？因为怕自己工作能力差，在公司没什么前途，你决心下班后努力学习、提升自我，于是买了很多专业书籍。刚开始几天你确实干劲满满，学习热情高涨。但没过多久，下班之后精疲力竭的你想着"就今天不学习而已，没关系的"，于是开始漫不经心地看电视，拿着手机和朋友聊天，不一会儿就到了睡觉时间，什么也没做。然后，第二天、第三天……你又回到下班后的懒散生活，最后只剩下自责和自我厌恶。

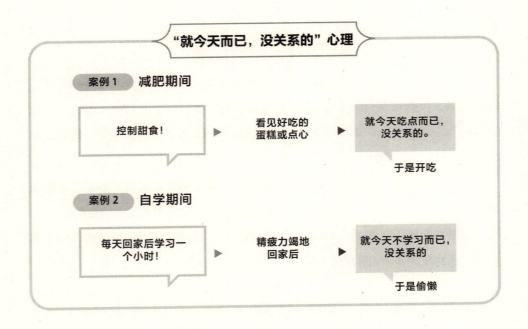

一般来说，有上述经历的人在学生时代就有类似的表现。比如，他告诉自己"从现在起不好好学习，考试成绩可能会很差"，于是就制订了考试复习计划表，但不久还是输给了自己的怠惰。他心里想着"哎呀，就今天不学习而已，没关系的",于是闲待了一天,或是和朋友以"调节心情"为由一起外出游玩了一天。虽然他时不时地后悔一下"我这么下去可不行,得好好学习才行",但总是抵抗不了诱惑,考试最终以惨败收场。不少人有过类似的经历,只是未必这么极端。在这种"没关系,今天就这样吧"的心态背后是一种追求即时满足而不愿延迟满足的心理。

▌即时满足的认知扭曲

我们生活中时常出现类似的情况——决心减肥、决心提升自我而制订计划,最终却抵挡不了眼前的诱惑,让努力和决定半途而废。其背后正是心理上的即时满足在作怪。

即时满足指的是不顾将来价值,重视当下价值的心理倾向。令人遗憾的是,虽然很多人明明知道现在不努力,将来必会栽大跟头(如患上成人常见病、失业等),但还是忍不住追求即时的舒适和安逸。放弃将来的幸福,追求此刻的欢悦,宁愿将来受苦,也不愿现在吃苦。我们每个人都存在这种倾向。

同样,减肥计划和自我提升计划容易半途而废也是这种即时满足在作祟。在想要马上得到满足的欲求的驱动下,人们变得视野狭隘,行为也失去了冷静。

有的人总是花钱大手大脚,直到钱包见底了才后悔不已,不停地在挥金如土和后悔不已之间循环往复。这也是因为他们为了当下的满足,而牺牲了未来的满足。

▌利用即时满足的市场营销

我们从即时满足这一消费者的心理特点也能窥见不同商品和服务的市场潜力。

从这个理论出发,如果有不少人会因迅速获取商品或服务而感觉钱花得很值,那么对这些人来说,即使商品或服务质量稍微差一点也没关系。因为他们不愿意花时间等待,更愿意尽快入手商品或体验服务,而只要能迅速获得所需、短时间解决问题，即便稍微贵一点他们也愿意。

此外，即时满足让人宁愿避开此时此地的痛苦，而无视将来的痛苦，这导致不少人在减肥或提升自我期间半途而废。如果有人来援助、支持他们免遭此时此地的痛苦，他们就有可能克服即时满足，在将来获得好的结果。也就是说，他们有充分的理由花钱购买这种援助和支持。

实际上，目前市场上已经有这种帮助人们克服即时满足的商品和服务。

此时此地与将来的比较

即时满足 指的是

与将来的价值相比

更重视"此时此地"的价值

心理倾向

如果可以迅速获得所需或
短时间解决问题，
那么成本高一点也没关系。

若有帮助我克服此时此地
痛苦的商品或服务，
花钱也不介意。

为什么消费者更关注损失而非收益

● 损失厌恶

> **Q** 我听说虽然降价可以暂时提高销售量，但是产品一旦降价就很难恢复原价，因此用降价提高销售量并非上策。请问这背后是消费者的什么心理机制在起作用呢？

　　对消费者来说，降价是非常有吸引力的。店铺在打 7 折或打 5 折后，顾客往往蜂拥而至，挤得店内水泄不通。这种生意兴隆的场面正是降价的魅力带来的。

　　有些店铺老板盛赞并看重这种降价打折的效果。还有些店铺老板对此感到不安，他们虽知道降价促销的效果，但也觉得长时间过度降价会造成销售额骤减，流失掉一些按原价购买的客户。

　　而销售食材的店铺因为害怕出现大量卖剩的商品，在快要打烊时会开始打 8 折、打 7 折、打 5 折地逐步降价销售。这种降价方式可以有效地销售甚至卖光剩余食材。但是如果这种情况变成惯例，那么就会有顾客为了便宜，避开其他时间段，专挑打烊前的时间去买东西。因此也有不少店铺的老板为此烦恼不已。

　　每个消费者都愿意获得更多收益，避免受损吃亏。接下来，就让我们思考一下如何从市场营销的角度来理解这种心理。

▌每个人都有避害倾向

　　精神科医师罗伯特·克洛宁格（Robert Cloninger）提出了人的基本气质之一——回避伤害。这种气质让人变得小心谨慎、排斥风险，有抑制个体行动的作用。我们每个人都有强烈的回避伤害的心理。

假设有一款高风险、不能保本的金融产品，顺利的话，投资者的本金会增值一倍或两倍，但是也可能亏一半本金。面对这种产品的推销，人们虽然会觉得收益很有吸引力，但一想到可能面临大幅度亏本的风险，就会打消投资的念头。这正是回避伤害的心理的作用。

生活中，有时我们面对中意的商品却觉得"万一买回来效果不如期待一样的好，那怎么办"，迟迟不愿意掏钱。这也是回避伤害的心理的作用。但是，如果商家设定了30天的试用期，并宣传消费者在试用期间退货可以得到全额退款，那我们就会放心地购买商品。

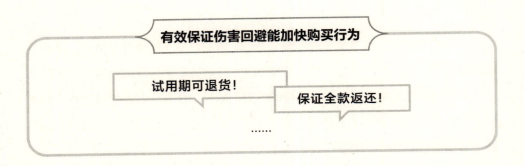

出于自我保护的意义，回避伤害的心理会以各种形式抑制消费者的购买行为。反过来说，如果能保证伤害回避，就能进一步促进消费者的购买。

▌从前景理论看损失厌恶

诺贝尔经济学奖得主丹尼尔·卡尼曼和心理学家阿莫斯·特沃斯基从更加实用的层面解读了回避伤害性这种人皆有之的基本心理特征，并提出了前景理论。

前景理论中，这种心理被应用到行为经济学上。该理论认为：相对于获得收益，人们更愿意减少损失，因此减少损失比获得收益对消费决策有更强的影响力。卡尼曼和特沃斯基以下面的调查为例，对这种心理进行了具体的解释。

问题 1 你会选择哪个?

❶   ❷

100% 会获得 900 美元 或者 **90% 会获得 1 000 美元**

问题 2 你会选择哪个?

❶   ❷

100% 会损失 900 美元 或者 **90% 会损失 1 000 美元**

问题 3 有人邀请你参加硬币赌局
抛出反面,输 100 美元
抛出正面,赢 150 美元
你觉得这个赌局有吸引力吗? 你会参加吗?

在问题 1 中,很多人为了规避风险选择了 1——100% 会获得 900 美元。100% 能获得 900 美元的主观价值要比 90% 可能获得 1 000 美元的主观价值大。

但是在问题 2 中,很多人选择了 2——即便损失的概率达到 90%,也想在 10% 可能规避损失的选项上赌一把。因为 100% 损失 900 美元的主观负面价值比 90% 可能损失 1 000 美元的主观负面价值要大。

在问题 3 中,抛出硬币正反面的概率各为一半,而赢的钱(150 美元)比输的钱(100 美元)金额要大,因此赌局的期望值明显为正,也就是说赢钱的概率很高。尽管如此,很多人并没有感觉这场赌局有什么吸引力,不愿意参加赌局。这是因为害怕损失 100 美元的心理要比获得 150 美元的期望更强烈。

根据对多个调查结果的分析,卡尼曼等人得出了一个结论——损失对人的刺激要比收益大。他们将这种心理称为损失厌恶。

损失厌恶左右购买行为

在前文的金融产品销售的例子中，比起获得两倍或三倍本金的收益的可能性，人们更关注损失一半本金的可能性，因此人们在该产品上犹豫。在股票投资中，当股票突然下跌，本金受损时，很多人不愿面对损失，不愿抛售，而选择赌一把反弹的可能性，而这期间股票可能一跌再跌，让他们遭受重大亏损。这其实也体现出了损失厌恶的作用之强。

在前文的商品试用期的案例中，因为商家保证了试用期内消费者能规避损失，所以消费者可以放心购买商品。

而本节一开始所说的商品一旦降价就很难恢复原价，其原因就在于对消费者来说，涨价（恢复原价）带来的损失感要比降价带来的获利感刺激更大，很可能会打消他们购买的念头。

如何应对不同消费者的不同偏好

● 市场细分

> **Q** 据说，卖方市场的时代已经终结，如今是买方市场的天下，谁能满足消费者的需求谁就能赢得市场。我听说要抓住消费者的需求，就要进行市场细分。这个术语有点深奥，请问我应该怎么做"市场细分"呢？

在物资匮乏的时代，只要有好东西，人们就会争相购买。但如今物质泛滥，企业必须考虑如何满足消费者的需求，于是就出现了市场营销。

在市场营销领域中有这样一则体现市场细分重要性的著名案例：1908年，福特公司开发出一款性能良好、价格实惠的乘用车。这款车一上市就受到了众多消费者的欢迎，很快便占有了很大的市场。但是它的热销情况并没有持续下去。随着竞争对手通用公司的崛起，福特公司的那款车被迫在1927年停产了。

为什么通用公司能一举击败福特公司？原来，通用公司在1921年建立了心理调查部门以调查消费者的需求，并根据调查结果推出了各种价位的车种和不同颜色的款式，供消费者自由选择。只要产品又好又便宜就不缺市场的时代早在那时就已经一去不复返了。

这则案例给了我们两点重要启示：第一，如果抓不住消费者的心理需求，自己的商品再好、再便宜，也吸引不了太多的消费者。这就是市场营销的意义所在。第二，虽说抓住消费者的需求，生产出消费者想要的产品很重要，但是不同消费者的需求有不同的先后顺序。通用公司推出不同价位、不同颜色的车型就是为了满足消费者的这种差异。

综上两点，市场细分就显得极为重要。

● 市场细分的定义

开发和提供能满足消费者需求的商品并非一蹴而就的事。不同的消费者有不同的需求，也有不同的心理价位。市场营销肯定无法兼顾每一个消费者的每一个需求。但是如果我们能找到不同消费者之间的共同点，将消费者分门别类，就可以针对不同的消费群体开发和提供不同商品。这就是市场细分。

市场细分指的是为应对消费者的多样需求，将目标消费者细分为若干个消费群体。当消费者被划到不同分区后，我们可以按照不同分区的特征，开发出不同的商品或款式，促进消费，或是只针对某个特定目标消费群体，开发和提供特定商品。

前文的通用公司乘用车的例子中，不同的消费者在购车时就有不同的侧重点。有的非常看重车身颜色和车型，有的重视性能，有的关心车架的安全性，有的看重实惠价格。因此，通用公司针对细分化的消费群体，开发和推出了具有不同卖点的车：车型外观好的、性能突出的、安全性高的、价格优惠的，等等。

● 市场细分的基准

市场细分关注到了年龄、性别、居住形态、家庭结构等人口统计学方面的因素，也关注到了职业、年薪、学历等社会经济方面的因素。

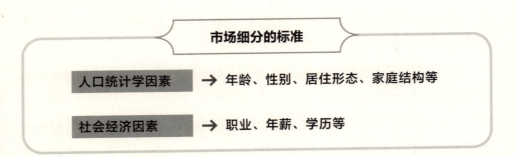

比如，一个 20 多岁单身独居的男性与 30 多岁有孩子的已婚人士，两者外出

就餐的频率、消费金额、所选餐厅是完全不同的。30多岁的已婚女性又分双职工家庭的女性和家庭主妇,而她们的心理钱包中各类钱包所能容忍的心理价位也是不同的。

只有抓住不同消费群体的不同特征,开发出相应的商品和服务,才能提供符合消费者需求的商品和服务,促进消费。

▌消费市场的心理细分

将市场细分进一步细化的是心理细分。

比如,同样都是20多岁独居的单身男性,不同的人需求和行为模式也不同。有的自己做饭,有的自己不做饭,这就导致他们外出就餐的频率也不一样。而偶尔出去吃饭和经常出去吃饭的人所去的餐厅不一样,吃一顿饭的预算也不一样。

再比如,同一年龄段的工薪阶层中,有每天去咖啡馆的人,也有偶尔去咖啡馆的人。他们去的目的不同,每次的预算也不同。

根据这些不同点进行一定的区分和归类,就能提供更符合消费者需求的商品和服务。这时候,我们就需要用到心理细分。心理细分在人口统计学因素和社会经济因素的基础上,增加了爱好、关注点、价值观、性格、行为模式等心理学因素,按这些因素对消费者进一步细分。

在物资匮乏、以购买生活必需品为主的时代,在分析消费行为时,只需要考虑人口统计学因素和社会经济因素就足矣,但是在物质丰富的时代,心理学特征的重要性就在市场细分中凸显出来了。

在市场细分的基础上进行心理细分可以更加明确哪些商品或服务更容易满足消费者需求,也可以避免辛苦推出的商品和服务无人问津。

市场细分中的心理细分

心理细分 指的是

增加爱好、关注点、价值观、性格、行为模式等心理学因素对消费者进行细分，从而更精准地抓住不同消费者的不同需求

→ 有着怎样价值观的人会追求什么商品和服务，会有怎样的消费倾向

→ 有着怎样性格的人又会追求什么商品和服务，会有怎样的消费倾向

如何凸显自家优势

● 市场定位

> **Q** 如果自家的品牌和店铺与竞争对手的相比毫无亮点，那根本无法招徕顾客。我听说要从竞争中脱颖而出，就必须进行市场定位。我并不是很清楚它的定义和方法，您能详细地说明一下吗？

我们走在大街上，常常能看到很多相似的店铺。如果一个店铺没有什么突出的特征，它应该也没有多少老顾客。

商品也一样。我们去买某些生活必需品时，到了商店却发现同一种商品的选择很多，不懂其中差异的人肯定不知道该挑哪种好。生活中这种情况屡见不鲜。那么，商家要想让消费者选中自家的商品，就要有极为突出的优势。

现在科学技术突飞猛进。市场上一有什么商品受欢迎，马上就有其他公司紧跟着开发并推出相似的商品。因此，消费者面对众多相差无几的商品根本无从选择。

无论开发的产品或开设的店铺多么好，只要无法让人眼前一亮、耳目一新，就会有其他相似的产品和店铺来竞争客源。而即便自己的产品或店铺设计有多么新的创意，其他公司也能跟风模仿。因此无论什么样的产品或店铺，都避免不了与竞争对手大战、厮杀。

想让消费者选择自家产品或店铺，就需要有别具一格的亮点和独树一帜的魅力，否则就无法从市场的众多同类产品或店铺中脱颖而出。为此我们就要有意识地采取差异化战略。而市场定位正是实现差异化的手段之一。

▌差异化战略下的市场定位

在宣传自家产品或店铺的特点，与可能出现的竞争对手对比时，我们需要调查消费者对可能成为竞争对手的各个产品或店铺的接受度，即其他产品或店铺在消费者心中的认知度，以及消费者对它们的好感度。

如果能从消费者对竞争产品或竞争店铺的认知度和好感度中分析出竞争对手的特征，我们就能知道自家产品或店铺该朝哪个方向进行差异化调整了。这就是市场定位。定位就是找到位置，这个概念也可用于理解人际关系和理解自我，现在常应用在市场营销上。

市场定位的定义

市场定位（找到位置） 指的是

与可能成为竞争对手的产品或店铺区别的战略。分析消费者是如何看待竞争产品或店铺，以及它们会引发消费者怎样的情感

▼

不断地调整自家产品和店铺的特征，
避免与别家重复

假设你有某种产品或服务，而市面上也有类似作用的产品或服务。那么这时，只有让自家产品或服务有突出的特征，才能避免和其他公司竞争，特别是避免与人气产品或服务对阵厮杀，从而有效地吸引客户。

为此，我们要先设定坐标轴以比较别家的产品或服务的特征，也就是把竞争对手的产品或服务分别放在相应的轴上，再决定自家产品或服务的定位，以免碰到强敌。可能这么说不太好理解，我来举例说明一下。

▌利用轴进行差异化定位

假设你要开一家新店，那么你需要以一个新概念来让新店凸显出来，否则就会与同行别的店铺没有明显区别，很难脱颖而出，也难招徕客户。因此，你就要试着做差异化定位。

进行市场定位需要设定轴。比如，要开咖啡馆就需要设定以高级感或低价位为卖点的轴。如果前者是卖点，那咖啡馆就要给人一种宁静且惬意的感觉，而打造以后者为卖点的咖啡馆，关键在于削减成本、追求便捷性。

如果是把氛围感当作卖点，那也可以从两个角度去考虑。一种氛围是人们可以在其中悠闲地读书或遨游在思维的海洋中，尽情地沉浸在自我世界中不受干扰。另一种氛围是人们可以在其中与朋友谈天说地。不同的氛围感会要求不同的设计细节。

将代表两个卖点的两条直线相交就可以得到坐标轴。找到同行在坐标轴的位置后就能看出哪些位置（特征）上同行比较集中，而哪些位置（特征）上同行较少。接下来就可以研究定位在哪些位置有助于避免竞争。比如开小吃店，既可以主打经济实惠，也可以主打食材讲究。而卖点不同，要下功夫的地方就不同。

根据不同的情况，我们可以设定不同轴，如功能、价格、设计、手感、素材、氛围、耐久性、便捷性、售后等。分析同行的市场定位，就可以得出哪些方面竞争激烈，而哪些方面竞争较少甚至没有竞争。把这些搞清楚之后，再认真研究自家的市场战略——如何与竞争对手区别，自家有哪些潜力。这样基本上就能分析出新产品、新店铺的亮点了。

如果要考虑的因素超过两个，那就会形成复杂的图形。这时，我们可以将每条轴上的得分量化，并用表格表示出来。

差异化轴设定

高级感
为卖点 　或　 低价位
为卖点

沉静感
为卖点 　或　 轻松感
为卖点

重视外观
设计 　或　 重视内在
品质

如何将客户的投诉和抱怨"为我所用"

● 补救悖论

> **Q** 我常常为消费者的投诉而发愁。有人说如果能妥善处理投诉，反而能赢得消费者的信赖，商家应该重视对投诉的应对。但并非所有的投诉都是正当的，有些是故意找碴的，所以每次处理投诉，我都非常反感。难道连那些不讲理的投诉也要处理吗？我应该怎样看待投诉处理的工作呢？

现代社会也可以说是客户投诉的社会，消费者可以针对产品、服务内容、员工态度等提出各种各样的意见。

针对产品不良的投诉案例中，客户会把问题归咎于生产商或物流的过失，但其中也有疑似在客户使用后发生损坏的情况。对此，商家往往会三缄其口，有苦道不出。

针对服务内容的投诉案例中，客户会以事前说明不充分为由，把问题归咎于服务商的过失。但在一些案例中，服务商事前进行了充分说明，但客户对说明理解不足，因而产生了投诉。而即使服务商对此强烈怀疑，他们也无法轻易质疑客户。

针对员工态度的投诉案例中，有些明显是由员工态度恶劣引起的。但在一些案例中，员工本人认为自己和客户的沟通没问题，但是公司并不知道该相信员工还是该相信客户。不同的人会有不同的理解方式，有时并非谁对谁错的问题，而是因为彼此的理解方式或交流方式有偏差，导致了误会的产生。

不管怎么说，出现客户投诉到底是不是商家的过错，这确实是个微妙的问题，而很多商家苦于客户投诉的怨言也不绝于耳。虽然妥善处理投诉就能赢得客户的心，但是若委屈自己去迁就一些故意找碴的投诉，那以后这类客户投诉肯定没完没了，甚至会招致自家员工的不满。因此很多商家觉得，投诉处理是个烫手山芋。

▌投诉其实是另一种期待吗

商家之所以对投诉的应对极为敏感，是因为妥当处理投诉就可以赢得客户的信赖。而在投诉应对的相关研究中，补救悖论尤其受到人们的关注。

补救悖论指的是当客户对商品或服务有不满并进行投诉时，如果能妥善处理客户投诉，就会出现一个矛盾——该客户的忠诚度反而会比没有投诉的客户的忠诚度要高。换句话说，恰当处理投诉能让商家得到对自己商品或服务非常上心的善良客户，而非心怀不满的客户。

补救悖论

恰当处理客户的投诉，该客户的忠诚度会比没有投诉的
客户的忠诚度更高

▼

恰当处理投诉

**商家能获得客户对自家产品和
服务的好感**

这个悖论也被众多研究所证实。比如，能迅速处理客户投诉或保证客户资金不受损，可以提高客户对投诉处理的满意度以及再次购买商品或服务的意愿。快速且恰当地处理投诉可以加强客户的信赖和好感，进而提升交易量和客户再次消费的意愿，客户对商家的评价也能形成口碑宣传。

奠定消费者投诉行为研究基础的发展经济学家阿尔伯特·奥托·赫希曼（Albert Otto Hirschman）曾说："客户投诉不仅是对商品或服务感到不满，也有对商家进一步改善商品和服务的期待。"

并不是所有对商品或服务有不满的客户都会投诉。一般来说，会投诉的往往是忠诚度较高（对企业或产品／服务有好感）的客户，他们会反复购买商品或服务，即使他们一度决定不会再买。高忠诚度的客户之所以会投诉，是因为他们认为与其不买该商品或服务，倒不如利用投诉去获得满意的商品或服务。

从这点来看，商家确实应该珍视这些投诉的客户。抛弃之前对投诉的反感，而把投诉当作改进商品或服务的机遇，进行迅速恰当的处理。

● 如何对待恶意投诉

随着上述观念的普及，如今企业越来越重视客户投诉。但是，在互联网普及的时代，每个人动动手指就能对不特定的众多商品或服务提出意见。从"专业索赔人"这一新词的出现，我们可以看出客户投诉的性质可能已经发生了很大变化。

有些客户投诉并不是出于对企业或商品／服务的好感或是对其改善的期待，而只是为了泄愤或出气而已。这些人总是心怀叵测，对可能存在过失或漏洞的商品和服务虎视眈眈、伺机下手。一旦发现不良产品或是有问题的服务，就立刻在网上大倒苦水、猛烈抨击，试图掀起差评浪潮，破坏商家口碑，借以消除自己的不快与愤懑，获得某种"成就感"。现在，这样的恶意投诉现象愈演愈烈。

这些人也并不直接向企业或店铺反映，而是在谁都能浏览的互联网上公布手中的"证据"。这种行为显然不是为了企业或店铺着想，而是企图用越来越多的差评将企业或店铺置于死地。

因此，如今投诉的客户也并非都是对自家店铺、商品服务满怀善意的人。如果一味地屈服于这些蛮不讲理的恶意投诉，反而会助长对方气焰，招致更多专业索赔人的出现，最终给企业或店铺带来损失。

因此，对一些明显不合理的恶意投诉，我们应该态度强硬、坚决拒绝。

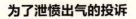

为了泄愤出气的投诉

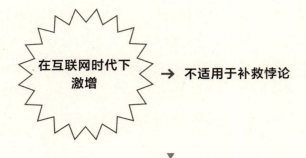

在互联网时代下
激增　→　不适用于补救悖论

依然耐心谨慎地处理投诉

**但是，对不合理、不正当的投诉
要态度强硬、坚决拒绝**

为什么负面信息传播得更快

● 网络口碑效应

Q 在互联网时代，每个人动动手指就能发声。如果不小心冒犯了消费者，商家完全不知道自己在网上会被怎么编排。老实说，做服务行业的商家没有一个不是战战兢兢、诚惶诚恐地对待客户的。但是，网上也不乏主观偏见，有故意为之的，有无中生有的，甚至中伤诽谤的。很多消费者居然信以为真，店铺因此蒙受损失。这到底是为什么呢？难道消费者不能清醒、冷静地辨出真假吗？

在互联网时代，人们可以轻易地在网上对产品、服务、店铺、旅馆等进行评价，因此网络口碑的威力变得十分强大。

传播学家伊莱休·卡茨（Elihu Katz）和保罗·拉扎斯菲尔德（Paul Lazarsfeld）认为，口碑的影响力是广播广告的 2 倍、上门推销的 4 倍、杂志广告的 7 倍。随着互联网的普及，以网络为媒介的口碑登上历史舞台。与面对面、口口相传的时代相比，口碑的影响力出现飞跃性提升。

网络口碑的效果深入人心，口碑网站的运营商应运而生，众多消费者也开始参考口碑网站的信息来购买商品或选择店铺。但是其中也有不少套路或陷阱。

比如，有一些销售商品或服务的公司会利用这些口碑网站抹黑竞争公司。再比如，一些性格敏感偏激、以自我为中心、攻击性过强的消费者只要感到店员的言行举止稍微不合心意就立即怒火中烧，上网中伤店员或店铺。浏览这些口碑网站的普通消费者无从判断这些内容是真是假，尽管有所怀疑其真实性却找不到证据，但是到头来由于比较介意这些差评，往往会转向其他商品或其他店铺。

口碑影响力

从前口口相传的口碑的影响力是

广播广告的 2 倍

杂志广告的 7 倍

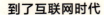

到了互联网时代

口碑的影响力
飞跃性提升

→ 与口口相传的口碑相比，网络口碑除了强大的扩散力还
会留有记录

→ 口碑与企业花钱买广告做的宣传不同，更容易让人信服。
因此现在也出现了利用网络口碑推销的营销方式

因此，无论是制造和销售产品的企业、经销商，还是餐饮或旅宿的经营者，都不得不对网络口碑保持高度的敏感性和警惕性。

口碑的影响力

与企业特意花钱从媒体买广告做宣传的方式不同，口碑是消费者之间自然而然出现的信息沟通。因此，人们觉得口碑要比广告更值得信赖。

以前，信息沟通是通过面对面的交流。如今，互联网时代让网络传播日益普遍，口碑传播方式的重心从面对面传播变成了网络传播。某个产品、店铺、活动等借社交平台的东风受到人们的追捧，这种情景已经是司空见惯了。

网络口碑与以前面对面、口口相传的口碑相比有以下几个特征：

第一，面对面、口口相传的口碑针对的人数有限，而网络口碑可以针对现实生活中见不到的很多人进行宣传。因此，网络口碑可达到短时间、大范围的扩散效果。

第二，面对面、口口相传的口碑中，人在口碑在，而人走口碑也会消失。网络口碑则可以留下记录，具有长久的影响力。

有关网络口碑影响力的研究报告发现，有38%的人会参考网络口碑信息来挑选餐厅，而电影票房也受到网络口碑的巨大影响。一项针对社交软件推广广告效果的对比研究则显示：利用传统媒体做的广告或推广活动效果只有几天，而网络口碑的宣传效果可持续3周。

网络口碑的负面信息影响力非常大

网络口碑的正面信息与负面信息相比，后者的影响力更大。朱迪丝·希瓦利埃（Judith Chevalier）和迪娜·梅兹林（Dina Mayzlin）曾分别对亚马逊和巴诺（Barnes & Noble）的网上书店进行了调查。结果证实，相比于好评（5颗星）的影响，书店的销量更容易受到差评（1颗星）的影响。

这可能是受到了与损失厌恶有关的负面偏见的影响。负面偏见指的是人们对负面信息非常敏感的心理倾向。比起增加收益，人们更倾向于规避损失。因此，人们为了避免陷入负面状况，会对相关的负面信息极为敏感。

所以，我们万万不可轻视口碑中负面信息的影响力。事实上，因网络恶评而面临危机的店铺并不少见，也出现了一些利用网络口碑进行暗箱操作的企业或店铺。

从这些情况来看，口碑原本被认为是非营利性质的信息传播，而且要比营利性质的广告更值得信赖。但是如今出现了营利性的虚假口碑，以往对口碑的认知已经变得过于单纯。

消费者要谨慎判断，不能偏听偏信。而提供商品或服务的商家要多听听消费者真正的心声，通过构建属于自己的客户应对体系、联合同行运营独立的口碑网站等，从各个方面下功夫，预防虚假差评的损害。

未来，属于终身学习者

我这辈子遇到的聪明人（来自各行各业的聪明人）没有不每天阅读的——没有，一个都没有。巴菲特读书之多，我读书之多，可能会让你感到吃惊。孩子们都笑话我。他们觉得我是一本长了两条腿的书。

——查理·芒格

互联网改变了信息连接的方式；指数型技术在迅速颠覆着现有的商业世界；人工智能已经开始抢占人类的工作岗位……

未来，到底需要什么样的人才？

改变命运唯一的策略是你要变成终身学习者。未来世界将不再需要单一的技能型人才，而是需要具备完善的知识结构、极强逻辑思考力和高感知力的复合型人才。优秀的人往往通过阅读建立足够强大的抽象思维能力，获得异于众人的思考和整合能力。未来，将属于终身学习者！而阅读必定和终身学习形影不离。

很多人读书，追求的是干货，寻求的是立刻行之有效的解决方案。其实这是一种留在舒适区的阅读方法。在这个充满不确定性的年代，答案不会简单地出现在书里，因为生活根本就没有标准确切的答案，你也不能期望过去的经验解决未来的问题。

而真正的阅读，应该在书中与智者同行思考，借他们的视角看到世界的多元性，提出比答案更重要的好问题，在不确定的时代中领先起跑。

湛庐阅读App：与最聪明的人共同进化

有人常常把成本支出的焦点放在书价上，把读完一本书当作阅读的终结。其实不然。

时间是读者付出的最大阅读成本

怎么读是读者面临的最大阅读障碍

"读书破万卷"不仅仅在"万"，更重要的是在"破"！

现在，我们构建了全新的"湛庐阅读"App。它将成为你"破万卷"的新居所。在这里：

● 不用考虑读什么，你可以便捷找到纸书、电子书、有声书和各种声音产品；

● 你可以学会怎么读，你将发现集泛读、通读、精读于一体的阅读解决方案；

● 你会与作者、译者、专家、推荐人和阅读教练相遇，他们是优质思想的发源地；

● 你会与优秀的读者和终身学习者为伍，他们对阅读和学习有着持久的热情和源源不绝的内驱力。

下载湛庐阅读App，
坚持亲自阅读，
有声书、电子书、阅读服务，
一站获得。

CHEERS

本书阅读资料包
给你便捷、高效、全面的阅读体验

本书参考资料

- ☑ **参考文献**
  为了环保、节约纸张，部分图书的参考文献以电子版方式提供

- ☑ **主题书单**
  编辑精心推荐的延伸阅读书单，助你开启主题式阅读

- ☑ **图片资料**
  提供部分图片的高清彩色原版大图，方便保存和分享

相关阅读服务

- ☑ **电子书**
  便捷、高效，方便检索，易于携带，随时更新

- ☑ **有声书**
  保护视力，随时随地，有温度、有情感地听本书

- ☑ **精读班**
  2~4周，最懂这本书的人带你读完、读懂、读透这本好书

- ☑ **课　程**
  课程权威专家给你开书单，带你快速浏览一个领域的知识概貌

- ☑ **讲　书**
  30分钟，大咖给你讲本书，让你挑书不费劲

湛庐编辑为你独家呈现
助你更好获得书里和书外的思想和智慧，请扫码查收！

（阅读资料包的内容因书而异，最终以湛庐阅读App页面为准）

图书在版编目（ＣＩＰ）数据

关键绩效背后的心理学 ／（日）榎本博明著 ； 贾耀平
译. -- 杭州 ：浙江教育出版社，2023.4
ISBN 978-7-5722-5684-4

Ⅰ．①关… Ⅱ．①榎… ②贾… Ⅲ．①职业一应用心
理学一通俗读物 Ⅳ．①C913.2-49

中国国家版本馆CIP数据核字(2023)第054072号

浙江省版权局
著作权合同登记号
图字:11-2023-097号

上架指导：职场 / 心理学

关键绩效背后的心理学
GUANJIAN JIXIAO BEIHOU DE XINLIXUE

[日] 榎本博明　著

贾耀平　译

责任编辑：李　剑

文字编辑：苏心怡

美术编辑：韩　波

责任校对：余理阳

责任印务：陈　沁

封面设计：ablackcover.com

插画设计：SANDER STUDIO

出版发行：浙江教育出版社（杭州市天目山路 40 号　电话：0571-85170300-80928 ）

印　　刷：石家庄继文印刷有限公司

开　　本：710mm ×965mm 1/16

印　　张：14　　　　　　　　　　**字　　数：**202 千字

版　　次：2023 年 4 月第 1 版　　　**印　　次：**2023 年 4 月第 1 次印刷

书　　号：ISBN 978-7-5722-5684-4　　**定　　价：**89.90 元

如发现印装质量问题，影响阅读，请致电 010-56676359 联系调换。